Preschool Beyond Walls
Blending Early Childhood Education and Nature-Based Learning

# 没有围墙的幼儿园
## ——基于自然的幼儿教育指南

［美］蕾切尔·A. 拉里莫尔（Rachel A. Larimore）／著

陈 欢／译

中国轻工业出版社

### 图书在版编目（CIP）数据

没有围墙的幼儿园：基于自然的幼儿教育指南／（美）蕾切尔·A.拉里莫尔（Rachel A. Larimore）著；陈欢译. -- 北京：中国轻工业出版社，2025.1.
ISBN 978-7-5184-5082-4

Ⅰ. G61

中国国家版本馆CIP数据核字第202412MC99号

### 版权声明

Preschool Beyond Walls © 2019 Rachel A. Larimore. Original English language edition published by Gryphon House, Inc. P. O. Box 10 6848 Leons Way, Lewisville, North Carolina 27023, USA. Arranged via Licensor's Agent: DropCap Inc. All rights reserved.

保留所有权利。非经中国轻工业出版社"万千教育"书面授权，任何人不得以任何方式（包括但不限于电子、机械、手工或其他尚未被发明或应用的技术手段）复印、拍照、扫描、录音、朗读、存储、发表本书中任何部分或本书全部内容（包括但不限于光盘、音频、视频等）。中国轻工业出版社"万千教育"未授权任何机构提供源自本书内容的电子文件阅览、收听或下载服务。如有此类非法行为，查实必究。

责任编辑：张天怡　　　责任终审：张乃柬
文字编辑：李芳芳　　　责任校对：刘志颖
策划编辑：高　君　　　责任监印：吴维斌

出版发行：中国轻工业出版社（北京鲁谷东街5号，邮编：100040）
印　　刷：中国电影出版社印刷厂
经　　销：各地新华书店
版　　次：2025年1月第1版第1次印刷
开　　本：710×1000　1/16　印张：10.5
字　　数：136千字
书　　号：ISBN 978-7-5184-5082-4　定价：52.00元
读者热线：010-65181109
发行电话：010-85119832　　010-85119912
网　　址：http://www.chlip.com.cn　http://www.wqedu.com
电子信箱：1012305542@qq.com
版权所有　侵权必究
如发现图书残缺请拨打读者热线联系调换
232405Y1X101ZYW

# 译者序

今年是我和蕾切尔·A. 拉里莫尔（Rachel A. Larimore）博士共事的第二年。自 2019 年翻译露丝·威尔逊（Ruth Wilson）博士的《幼儿园户外创造性游戏与学习》（*Nature and Young Children: Encouraging Creative Play and Learning in Naturel Envionments*）以来，如何把自然融入幼儿园的日常工作就一直是我关注的焦点。在此期间，拉里莫尔博士的研究和实践为我提供了强有力的支持。因此，受中国轻工业出版社"万千教育"编辑部高君老师的委托翻译此书，是我莫大的荣幸。

阅读本书或者和蕾切尔交谈，你一定会强烈地感受到她是一位非常务实的幼儿教育研究者、实践者。她从"连接儿童与自然"这个坚定的目标出发，事无巨细地思考幼儿园里的教育工作者怎样才能实现这一目标。从一日流程怎么安排、课程计划怎样实施、如何激发和支持儿童的自然游戏，到孩子的脏衣服怎么处理、带孩子去户外用什么推车，她都能为你提供详细的建议。她活跃在基于自然的早期教育学术研究和实践一线，积极推动美国州政府修订幼儿园许可制度，让越来越多的幼儿园有条件成为"基于自然的幼儿园"（Nature-based Preschool，NBP）。

蕾切尔还是一名长期主义者。从 2001 年到 2019 年，她每隔 9 年出版一本著作。在幼儿园一线工作 10 年后，她才决定攻读博士学位。

但你一定想不到，她早期的专业背景其实和幼儿教育并无关系。她的本科专业是"自然资源休闲和旅游"，研究生专业是"公园和休闲管理"。在进入幼儿教育领域之前，她是一名环境教育工作者，主要工作内容是策划和管理青少年日间营、夏令营和短时亲子活动。在接待一批又一批不同年龄的儿童拜访自然中心的过程中，她逐渐感到儿童与自然的短暂接触远远不够，他们需要与自然建立"更有意义的连接"。时值2005年，理查德·洛夫（Richard Louv）出版了《林间最后的小孩：拯救自然缺失症儿童》（*Last Child in the Woods: Saving Our Children from Nature-Deficit Disorder*），在美国社会掀起一股"自然运动"的热潮。蕾切尔在多方支持下，于2007年参与筹备和建设了齐佩瓦自然中心自然幼儿园（Chippewa Nature Center Nature Preschool）。根据北美环境教育协会"自然开端联盟"（North American Association for Environmental Education，Natural Start Alliance）2022年的数据，当时全美仅10余所自然幼儿园。该数据在2010年后开始快速增长，到今天估计已经突破800所。

了解蕾切尔的背景对阅读本书很有帮助。只有理解蕾切尔从"环境教育"到"幼儿教育"的职业发展经历，你才能读出本书朴实无华的语言背后的深刻思考——她对儿童、游戏和早期教育的深刻见解。

## 从"自然教育"到"基于自然的幼儿教育"

我和蕾切尔的相识，似乎本身就是某种隐喻。她怀着对自然的热爱，我怀着对教育的热爱，我们各自出发，却在同一个地方找到答案。我们经历的绝不仅是个体与个体的相遇，更诠释了自然与儿童本就"相合"。

## 儿童需要与自然建立更有意义的连接

蕾切尔早年的工作，今天用中国流行的话来讲，就是开展"自然教育"。但蕾切尔几乎不使用"自然教育"这个词，她更愿意称之为"环境教育"（Environmental Education）。我在这里无意就这两个概念进行学术探讨，所以为了方便读者理解，我主要还是使用"自然教育"（蕾切尔在本书正文中使用了"环境教育"一词。如果你没有精力对这两个概念进行深入研究，也可以姑且在阅读时把"环境教育"换成"自然教育"来理解）。总而言之，她曾经作为自然中心里的"自然老师"，面向不同年龄段群体组织各种各样的短时亲自然活动。五湖四海的人们因为对自然疗愈作用的向往，在蕾切尔的带领下学习如何亲近自然——这也是如今在国内盛行的"自然教育"的一种典型样态。

谈及为什么从环境教育领域进入幼儿教育领域，蕾切尔的回答是"儿童需要与自然建立更有意义的连接"。早在20年前她就意识到，"自然教育"项目为儿童提供的接触自然的机会是短暂的、不连续的。仅靠周末、假期由家长或者学校偶尔安排的自然活动，儿童很难获得对自然的深刻体验。他们往往在自然中度过数小时到数天不等的时间，然后重新回到远离自然的生活常态。从根本上来说，在这种短时项目中，自然对儿童而言，更多的是一个"放松身心""呼吸新鲜空气""锻炼体能""亲身体验自然现象"的地方。儿童本质上是大自然的"消费者"——只是他们"消费自然"的方式不破坏自然。但基于这种"消费式"体验，儿童与自然建立的关系通常是薄弱的、人类中心主义的。他们难以与自然中其他的生命建立深层次的情感连接，难以真正把自己视作一个更大的世界的一部分。

"自然教育"项目往往有一整套设计好的"自然体验方案"。不管是体验自然现象还是了解关于自然的知识，儿童本质上是被动的学习者。由于时间短、经验不连续，儿童很难有机会用自己的方式探索和寻找自己的答案。另外，绝大部分"自然教育"项目的组织者不理解何为儿童的游戏，也就很难支持儿童通过游戏获得充分、自主地与自然互动的机会。对青少年甚至是学龄儿童而言，这可能不是什么问题——他们的认知能力已经足以支撑他们跟随成人的思路进行思考。但学龄前儿童不同，他们只有通过游戏才能与周围的人、事、物建立有意义的连接。因此，幼儿需要在很长的时间里，以一种积极主动的态度主导自己对自然的探索，而不是一味听从成人的安排。有趣的是，与自然的连接建立得越早，儿童就越有可能获得"环境管家责任"（environment stewardship）[①]。这就让婴幼儿通过游戏获得稳定的、持续的与自然互动的经验变得十分重要。

从某种程度上来讲，蕾切尔是为了让"自然教育"更好地服务于儿童、服务于社会，才毅然决定成为美国第一批自然幼儿园的创建者之一。

## 许多幼儿园"做"自然教育，是拼凑课程的表现

作为一名幼儿教育人士，我接触到"自然教育"这个词，是因为它日渐以多样的形式出现在越来越多的幼儿园里。从"自然角"到"自然游戏区""自然日""自然课程"，一时间幼儿园就像打开了"自然教育"的大门一样，一头扎进"做"自然教育的热忱中。更有不少师资培训机构特意开发幼儿教师职后培训项目，带领他们"打开五

---

① "环境管家责任"是指对自然环境的管理和保护责任。它要求人们采取积极和可持续的方式来消耗资源、减少污染和保护生态系统。这一概念对确保生态稳定和可持续性至关重要，涉及包括个人、社区、政府和组织在内的多种利益相关者，为共同维护地球的未来健康而采取积极行动。

感"，向他们传授各种"带孩子玩自然游戏"的技巧，并研发"自然主题"的课程、教材。

诚然，相对于室内环境，室外的自然环境能为儿童提供的益处不胜枚举。让孩子在对电子屏幕上瘾之前爱上自然，是许多家长、教师希望带孩子走到室外的最直接原因。在自然中游戏的儿童，不仅身体更强壮、情绪更稳定、社会交往机会更多，而且游戏持续时间和丰富程度都优于在人工环境（尤其是室内人工环境）中。因此，幼儿园的"自然教育"热潮让儿童接触自然的机会变多了，这无疑是一件积极的事情。

但我的"幼儿教育直觉"告诉我，简单地把"自然教育"当作一个"课程板块"塞到幼儿园其他教学工作中的做法，还远远没有触及自然教育的本质。前文已经分析到，学龄前儿童与自然建立连接的方式，和成人甚至是青少年截然不同。目前流行的许多自然教育做法不应该被原样照搬到幼儿园。此外，和在"自然教育"机构里度过短短一两小时甚至是几天时间不同，幼儿在幼儿园里的经验更连续和多样，幼儿教师的日常工作绝不仅仅是"让儿童接触自然"。这就是为什么许多教师虽然在"自然教育"培训活动中真切地体验到了连接儿童与自然的快乐，但回到幼儿园以后还是感到无从下手。教师在幼儿园里会遇到很多实际问题：幼儿在自然中的学习和其他学习是什么关系？"自然"在课程中应该占多大"比例"？支持孩子对自然的探索需要计划吗？如何确保儿童在自然探索中充分实现各领域的发展目标？幼儿园的一日流程应该怎么安排？室内环境需要回应儿童在室外自然环境中产生的兴趣吗？怎么把室外的学习带到教室里？要支持儿童这么多不同的兴趣，教师能忙得过来吗？……他们无法得到答案。

试图设置一个简单的"自然角"、实施若干个"自然主题课程"、教授孩子几种动植物的特性，或者在幼儿园里饲养几只动物，乃至于在已然紧凑的日程中添加"自然教育特色活动"来"做"自然教育，本质上都是碎片化的、"创可贴"式的策略。这些策略只能为儿童提供浅尝辄止的体验，无法触及儿童的全面发展、整体发展，是一种只见"自然教育"而不见"儿童"的做法。归根结底，"创可贴"式的策略是成人视角下的另一种强势输出：自然主题课、绘本课、体能课、劳动课、蒙氏游戏、区角游戏……成人焦虑地忙着安排孩子做这做那，却看不见孩子在一直被推着走的过程中根本没有时间表达自己、理解自己、"做"自己。对儿童而言，幼儿园里的事情接二连三地发生着，教师告诉他们操作这个教具很重要、参加那个活动很重要、体验自然也很重要，唯有他们自己的感受和想法不被看见、不被关心。

拼凑的课程背后，其实是教育者拼凑的儿童观、教育观。

## 什么是基于自然的幼儿教育？

蕾切尔的研究和实践成果为幼儿园提供了一种突破当前"自然教育"困境的方法。她提出了"基于自然的幼儿教育"这一概念，强调学习不仅应发生在自然环境中，更重要的是，使之成为儿童日常学习和探索不可分割的一部分。蕾切尔在本书第一章直言不讳地表达了这一观点："在基于自然的幼儿教育里，学习不仅仅发生在自然环境中，在各个方面都会与自然元素相结合，并成为教学法的核心。"

加拿大早期教育研究者贝弗莉·迪策（Beverlie Dietze）和黛安娜·卡希（Diane Kashin）在《幼儿园户外与自然游戏》[①]（*Outdoor and Nature Play*）一书中谈到，通过支持幼儿的户外游戏、自然游戏，幼儿园实现高质量教学是一件水到渠成的事情。在许多幼儿园中，引入

---

[①] 该书的简体中文版已由中国轻工业出版社于2023年5月出版。

自然教育元素往往是从设置"自然角"或增加"自然主题课程"开始的。尽管这一做法可以被视为向基于自然的幼儿教育迈出的起点,然而教育工作者不能仅满足于这些初步的尝试,必须对前进的方向了然于心——幼儿园的"自然教育"最终一定要走向"基于自然的幼儿教育"。自然不应该被"塞"进儿童的学习,而应该"融"入儿童的学习。正如苏格兰的克莱尔·沃登(Claire Warden)博士在本书原著推荐序中所述:"我们与自然及其节律和谐共舞,这为儿童打开了无数通往学习的大门。"沃登博士的话呼应了蕾切尔"让自然成为教学法的核心"的理念:让儿童的学习因自然而发生,并围绕自然持续下去。

这就是我和蕾切尔相遇的地方。我一直在寻找一种方式,让儿童与自然的"相合之美"真正在幼儿园里发挥到极致。既然最好的教室没有屋顶,既然自然对儿童的健康发展如此重要,既然孩子在自然中有无穷无尽的惊奇和发现,那么为什么不改变幼儿园的工作方式,让教师充分利用自身的优势,在和幼儿长时间相处的过程中,真正地持续发挥自然对儿童全面发展、整体发展的益处?

基于自然的幼儿教育对幼儿园的挑战是全方位的。正如本书所阐述的那样,它要求幼儿园在坚定"儿童需要自然"这一信念的基础上,针对幼儿园的理念和教学法(第二章)、教师团队(第三章)、管理和运营(第四章)、物理学习环境(第五章、第六章和第七章)、幼儿园一日流程(第八章)及家园合作(第九章)等方面进行全方位的调整。所有这些策略最终想要达到什么样的效果呢?首先,通过一日流程、物理学习环境的调整,儿童将充分获得与自然互动的时间和机会;其次,基于儿童因自然而产生的好奇和兴趣,教师通过游戏环境、师幼互动和生成课程进行回应;最后,园所围绕儿童基于自然的全面学习搭建自身的组织架构、确立教育理念和课程体系,在各方面"完全整合自然",从而由内而外成为一所"基于自然的幼儿园"。

蕾切尔在书中一再强调,实现基于自然的幼儿教育的核心在于日常管理和教学实践。它需要幼儿园完美融合以游戏为基础、从游戏中生成课程的早期教育最佳实践,以及连接儿童与自然的"自然教育"优秀做法。可以毫不夸张地说,基于自然的幼儿教育是所有幼儿园——无论目前园内和周边自然条件如何——都可以追求的发展方向。

## 基于自然的幼儿教育更有效

一般来讲,教育工作者尤其是教育研究者,在谈论教育议题的时候往往留有余地,会有意避免使用"最""更"之类的字眼以免引起争议。但蕾切尔不仅直言不讳地指出"基于自然的幼儿教育更有效",还在她和同事的另外一本著作《评价"自然性"——衡量幼儿园至三年级基于自然的课堂质量》(*Evaluating Natureness: Measuring the Quality of Nature-Based Classrooms in Pre-K through 3rd Grade*)中指出,基于自然的幼儿教育是"幼儿教育和环境教育的最佳实践之一"。蕾切尔的信心来自哪里呢?如果用一个词来总结,那一定是"儿童视角"。在幼儿园里实施基于自然的幼儿教育,就像在一池充满生机的湖水中丢进一颗石子,将会使整片湖水荡漾着涟漪。在朝着基于自然的幼儿教育迈进的过程中,幼儿园和教师的日常管理与教学工作会逐渐变得越来越基于儿童视角。因为它一方面要求给儿童充分观察、体验自然的时间和机会,另一方面要求教师基于儿童对自然的兴趣进行回应。这涉及"儿童视角"在几个不同层面的应用。

首先,把儿童的权利放在前面。儿童有游戏的权利、亲近自然的权利。儿童在幼儿园里的生活应当首先是儿童所喜爱的。出于成人社会的期待而让儿童按照成人希望的样子生活，是对儿童权利的漠视。在实施基于自然的幼儿教育时，蕾切尔倡导把户外自然游戏作为一天的开始，让户外自然游戏成为幼儿每天到园后首先做的事，甚至晨间集会也要在户外自然游戏之后进行。只有这种组织层面的实际行动，才能让儿童真切感受到游戏本身的重要性，而不是作为"学习"结束之后的"休息"或者"奖励"。

其次，把儿童的好奇放在前面。将"自然教育"简单添加到原有课程中，意味着儿童在自然中展现出的兴趣和好奇，在"自然教育"时间结束后就要被暂时搁置一旁。换句话说，儿童好奇什么不重要，重要的是教师安排好的课程能够如期推进。基于自然的幼儿教育则要求教师不仅要看见儿童的兴趣和好奇，更要通过环境布置和活动组织来回应儿童的兴趣和好奇。基于自然的幼儿教育没有对课程"主题"和"项目"的执念，而是更开放地追求幼儿的学习本就该有的多姿多彩、灵活开放的样子。儿童不是在教师的要求下被动学习提前预设的内容，他们的好奇心比什么知识都重要。

最后，让儿童做自身学习的主人。作为一名坚定的社会建构主义者，蕾切尔认为每个人的头脑中都有无数的概念和想法以独特的方式相互连接，这样一幅复杂的地图构成了我们对世界的理解。因此，"教学"并不是关于让儿童记住任何信息或者知识，而是关于帮助儿童通过持续的经验形成自己的理解。在一种拼凑的课程里，无论是"自然教育"还是其他任何板块化的课程，其基本逻辑都是儿童按照成人要求的特定方式体验和学习特定内容——这样做难以帮助儿童绘制自己的认知地图。当谈及此事时，蕾切尔喜欢用"魔术贴"的比喻来解释为什么要让儿童做自己学习的主人。她说，儿童脑海中已有的经验或想法是一个一个"带钩子的魔术贴片"，我们教孩子的任何知识和技能都必须先让儿童产生一种共鸣的感觉，然后才能"钩住"他们脑海中原有的"魔术贴片"。在我们最近一次的研讨中，蕾切尔总结道："孩子为自己而理解周围的世界，我们无法告诉他们应该如何思考和感受。"

实施基于自然的幼儿教育，将帮助幼儿教育工作者深入反思以往的幼儿教育工作方式，尤其是那些"口是心非"之处。太多幼儿教育工作者声称"坚定捍卫儿童游戏的权利"，却用结构精巧的自制教具规定儿童的"玩"法、用严格的时间表剥夺儿童在大自然这个最好的游戏场上自由创造的机会，又或者一边高呼"释放儿童的天性和潜能"，一边高高在上地评判儿童的兴趣是否"值得"回应，对儿童的发现视而不见。他们明明希望培养聪明的孩子，却在实际互动中短视而焦虑地着眼于快速取得成果和得到答案，没有等待儿童的耐心、忽视对儿童学习过程的支持，最终剥夺了孩子"变聪明的机会"。而这一切的困境，都将在教师愿意跟随自然的节律，站在儿童身边慢下来"和自然一起学习"的过程中逐步得到化解。

如果你对此怀有疑虑，那么我建议你不妨先带着疑虑仔细阅读本书，并基于书中的建议在力所能及的范围内试一试。就像蕾切尔所说的那样，不管你是否意识到，其实你已经站在通往"基于自然的幼儿教育"的道路上。你所要做的，是永远不要停止思考、永远不要停止前进。在敏锐觉察自身和儿童的感受与变化的过程中，和儿童一起，重新成为"自然之子"。

陈 欢<br>2024 年 5 月

## 原著推荐序

本书的作者经验丰富且思考深刻，她撰写本书，旨在帮助你在幼儿园中更好地突出自然环境的角色与价值。本书不仅为初入此领域的人提供了充满启示的探索之旅，也适合那些已经在此领域耕耘多年的资深教育工作者。

众所周知，幼儿在自然中成长得更好。大量的研究已经证明了基于自然的互动式游戏和学习体验的益处，这些体验可能发生在幼儿园的室内、室外和园外。我们与自然及其节律和谐共舞，这为儿童打开了无数通往学习的大门。随着基于自然的幼儿教育运动的兴起，我们通过反思性实践和广泛的阅读，共同创建了一个专业的教育网络。本书总结了作者在美国的丰富经验和研究成果，对于其他国家致力于此领域的教育者也具有一定的参考价值。

本书第一部分为读者增进对基于自然的幼儿园的认知和理解奠定了坚实的基础。它探讨了驱动和指导基于自然的幼儿园教育实践的哲学观和教育观，以及这些价值观对园所管理的影响。此外，第一部分还强调了自然世界如何增加我们空间的复杂性，并讨论了风险管理和使危险最小化的策略。

第二部分全面探讨了三种课堂空间——室内、室外和园外。每种空间均以其独有的方式构建了儿童与自然环境之间的关系。作者详细地阐述了创设三种基于自然的课堂空间的步骤，从而为儿童在各个领域的发展提供广泛的机会。

本书还强调了合作的重要性——无论是教师与儿童之间的合作、教学团队成员之间的合作,还是教师与家庭之间的合作,都可以支持儿童更好地整合在幼儿园和在家里习得的经验。作者巧妙地把这一部分放在本书最后,以传达这样一种信念:我们需要为基于自然的幼儿园里的儿童及其家庭创造成功的条件。

在这本精彩的书中,作者的表达清晰而鲜明,仿佛让读者与她一同踏上让儿童更多地接触自然世界的旅程。我强烈推荐这本书,希望你能像我一样享受阅读这本书的过程。

克莱尔·沃登

# 前　言

儿童需要在自然中游戏和学习的经验，这对他们的身体健康、认知发展、社会情感能力发展以及精神成长都至关重要。反过来，自然世界也需要儿童的保护和关爱。这些陈述看似宏大，但越来越多的证据表明，它们是不争的事实。

## 儿童为什么需要自然

近年来，与之相关的观点越来越受到重视和讨论。2005年，理查德·洛夫出版了《林间最后的小孩：拯救自然缺失症儿童》，在书中引用了心理学、运动学（身体运动机制研究）、教育学等领域的众多研究成果。虽然对基于自然的教育领域的专业人士而言，他的书并没有呈现很多新观念，但它将儿童与自然的话题带入了大众视野。突然，人们开始关注儿童在屏幕前的时间越来越长、儿童生活中逐渐缺失的自由游戏，以及亲近自然对儿童成长的积极影响。2012年，雷吉娜·米尔特（Regina Milteer）和美国儿科学会（American Academy of Pediatrics，AAP）的成员也确认了游戏对儿童发展的重要性。

此外，研究者们对户外游戏的益处进行了聚焦性研究。在身体发展方面，普贾·坦登（Pooja Tandon）、布莱恩·塞伦斯（Brian

Saelens）和迪米特里·克里斯塔基斯（Dimitri Christakis）发现，孩子们在户外环境中更活跃。英贡·弗约托夫特（Ingunn Fjørtoft）发现，自然游戏场更有利于儿童平衡和协调能力的发展。另外，凯瑟琳·罗斯（Kathryn Rose）和吴裴昌（Pei-Chang Wu）等人的研究表明，户外游戏有助于预防儿童近视。

户外游戏对儿童认知发展的益处也逐渐显露。辛西娅·克莱默（Cynthia Klemmer）、蒂娜·瓦利切克（Tina Waliczek）和简妮·扎杰克（Jayne Zajicek）的研究指出，通过户外学习，儿童能够拓展科学知识。安德里亚·费伯·泰勒（Andrea Faber Taylor）和弗朗西斯·库奥（Frances Kuo）发现，户外游戏提升了儿童集中注意的能力。注意力集中是自我调节技能的一部分，而自我调节是儿童社会情感能力发展的重要部分，自然环境被证实可以支持这一发展——正如费伯·泰勒、库奥和威廉·沙利文（William Sullivan）所证明的那样。南希·威尔斯（Nancy Wells）和加里·埃文斯（Gary Evans）提到，住在自然环境"附近"能够减轻儿童的整体生活压力。黛博拉·谢恩（Deborah Schein）发现，自然还能提供惊奇、愉悦和内心平和的时刻，有助于儿童的内在精神发展。路易斯·查瓦拉（Louise Chawla）在两项研究中得出结论，自然中的频繁、积极的体验所带来的社会情感和精神发展，是培养儿童环保行为的重要因素。尽管这些研究成果非常有价值，但朱莉·戴维斯（Julie Davis）和苏·艾略特（Sue Elliott）指出，我们还需要更多的研究来探索婴幼儿的户外游戏与成年后其环保行为之间的关联。

以上仅是日益增长的证据的一部分，这些证据表明自然对儿童生活的重要性。同时，根据研究员蒂姆·吉尔（Tim Gill）对相关文献的回顾，我们可以明确地说，有充分的证据表明儿童对自然的需求是显而易见的。

## 一场重建联系的运动

令人欣慰的是，全球范围内有许多家长和教育工作者都承诺为幼儿提供更好的教育，以扭转孩子们与自然脱节的趋势。这可能是对科技在我们生活中的日益普及做出的反应，也可能是对脱离自然给孩子的身体和心理带来负面影响的更加深刻的认识，又或者仅仅是家长们希望为孩子提供与他们的童年更相似的成长经历。不论何种原因，人们越来越关注如何确保儿童远离混乱的室内成人世界，拥有定期与自然接触的机会。因此，家长和教育工作者正在推行基于自然的干预措施。在大多数情况下，这些措施都聚焦于较小的和更个体化的层面。然而，也有一些措施可以在孩子们与户外的联系方面促成更大规模的改变。这主要涉及社区范围的努力（如城市规划），以及正如你所想的教育体系的变革。其中一种变革就是将自然融入幼儿教育，特别是创建"基于自然的幼儿园"。这类幼儿园有双重目标，即以适宜儿童发展的方式教育儿童，同时培养他们的环保行为。

"基于自然的幼儿园"在美国是一个相对较新但传播迅速的概念。尽管美国第一所基于自然的幼儿园——康涅狄格州的新迦南自然中心——成立于1967年，但到2010年全美仅有12所类似的园所。现在，根据北美环境教育协会的数据，这一数字已经增长到250多所。与此同时，一些专业协会如自然开端联盟（Natural Start Alliance）、北伊利诺伊州基于自然的幼儿园协会（Northern Illinois Nature Preschool Association）以及国际自然教学法协会（International Association of Nature Pedagogy）也应运而生，以便支持基于自然的教育工作者。此外，越来越多的高等教育机构也开始将基于自然的教育方法纳入他们的课程。比如，美国安迪亚克大学已经设立了基于自然的幼儿教育研究生课程。

基于自然的幼儿园迅速发展，与此同时，将自然融入传统幼儿园教室环境的做法也成为一个热门话题。如今在幼儿教育会议上，与自然相关的议题几乎成了不可或缺的一部分。然而，这些研讨会在如何界定相关概念、自然的价值以及如何倡导将自然融入教室里的方式方面存在很大的差别。我曾见过一些会议专注于使用自然材料制作艺术品，在展厅销售看起来像天然原木的塑料游乐设备和一些强调向儿童教授自然事实知识、对儿童进行说教式教育的活动手册。尽管如此，我也看到了一些真正出色的教师，他们真正地将幼儿与自然联系在一起。因此，我总是提醒早期教育人士要做明智的消费者，对任何关于将自然融入教室（或任何其他主题的）的专业发展机会保持审慎的态度。

## 让梦想成为现实

要拥有一所自然的幼儿园，你需要获取支持和认同。如果你从头开始创建一所基于自然的幼儿园，那么你会比较容易获得支持，因为你可以雇用有共同理念的员工，并吸引与你拥有相同愿景的家庭。然而，一所已经运营的幼儿园中途转向基于自然的理念则更具挑战性。你需要从改变和每个孩子的互动开始，然后将变革推广到班级和团队层面，最终波及整个园所。你对园所变革的控制力取决于你的职责和影响范围。如果你是一名教师，那么你可以为自己和教学团队设定目标；如果你是一名中层管理者，那么你可以与你职权范围内能影响到的教师合作；如果你是整个园所的主管或管理人员，那么请考虑实施全面的组织变革。无论你的角色如何，你都有能力在日常实践中做出微小但重要的改变，这将帮助你朝着创建一所基于自然的幼儿园的目标迈进。

要使这些微小的调整更容易实施并产生更大的影响，获得同事们的支持至关重要。然而，需要明确的是，获得他们的完全认同可能需要一段时间。你可以从最简单的改变开始，就像摘取"低垂的果实"一样，然后逐步扩展。我看到过的一种成功方法是，从对基于自然的教育更感兴趣的教师团队入手。管理者为这个团队的成员提供额外的资金用于购买和维护相关设备及用品，为其安排与基于自然的教育方法相关的专业发展培训，并在全年支持他们进行变革。这个团队的成功将激励其他教师，还能为全园推广基于自然的教育方法提供组织层面的建议。如果你是一名幼儿园管理者，正在努力寻找愿意尝试的团队，那么你可以考虑为员工提供一些资金（或其他形式）来激励他们。

希望你在阅读本书的过程中，能够更清晰地看到在实践中可能做出的小改变。你可以从在室内增加更多的自然元素开始，或者从室外自然游戏区开始幼儿园一天的生活，抑或是请专家为你的团队就基于自然的教育方法做一次培训。重要的不是你从哪里开始，而是开始本身。所以，明确你的基本教育理念、愿景，识别当前实践与愿景之间的差距；制定实现愿景的可量化目标；然后，开始改变你的实践方式。这就是作为一个有目的的教师和管理者的核心。

## 本书将如何帮助你

在我多年为幼儿教育者举办各类基于自然的专业发展研讨会的经历中，我听到了许多问题和担忧。这里列举了一些典型的例子，比如："下雨天怎么办？""你们会不会担心孩子们跑掉？""我的领导让我多使用电视，因为我们得到了一笔这方面的专项资助。""有人告诉我，我们不能在室外游戏区放置野餐桌。"

尽管这些研讨会上成员所讨论的问题和提出的担忧各有不同，但它们似乎主要分为两大类。其中，前两个问题通常来自对基于自然的教育持怀疑态度的教师或管理者。我认为这些教育工作者确实明白儿童需要户外时间，但他们不清楚如何将自然元素融入他们目前的教育方法中。而另外的两个担忧，通常来自那些迫切希望将传统幼儿教育转变为更基于自然的教育的教师。不幸的是，这些教师往往发现自己需要与管理层、同事甚至是那些似乎普遍存在于组织文化中的"非正式制度"做斗争。

本书的重要性在于帮助像你这样的教育工作者确定什么是真正的基于自然的教育，以及如何在你的幼儿园里实现它。这需要你反思你和你的园所目前所处的阶段，以便你了解自己和园所还有哪些成长空间。同时，了解在实施这种教学法时存在的实际的和感知到的障碍也很重要。本书的目标是帮助你识别实践中的机遇和潜在的障碍，并介绍可能的行动步骤。

本书有专门针对教师和家庭的相关章节，但并没有专门聚焦于儿童的章节。原因其实很简单：儿童天生就适合在户外学习。他们所需要的，只是一个安全的、支持性的玩耍和探索的环境。从儿童的视角看，事情非常简单——就是出去玩！相比之下，成人一生都在担心、分析并在心中构建最坏的情景。换言之，要让幼儿园基于自然，关键在于改变成人的态度和行为。

这也是本书的重点：帮助幼儿教育的专业人员——无论是管理者还是教师——改变他们的教学实践，以便将自然元素更加全面地融入教学中。我意识到，并非每所幼儿园都会或可以成为基于自然的幼儿园。但我相信,任何幼儿园都可以增强与自然的联系,并让儿童从中受益。

我此前的一本书《建立基于自然的幼儿园》（Establishing a Nature-Based Preschool）主要是为那些希望从零开始创建基于自然的幼儿园的组织和个人而写的,这些组织（如自然中心）和个人大多致力于环境教育领域。自那本书出版以来,许多幼儿园的教师和管理者向我咨询如何将自然融入他们现有的幼儿园。这些专业人士想要更深入地了解如何将自然融入他们的教学实践,即使他们已经深谙幼儿教育之道。我写这本书的目的,就是为这些教师和管理者提供切实可行的方案,帮助他们将自然融入自己的幼儿园。

为了达到这个目标,本书的内容从宏观到微观逐步深入。首先,我们讨论了基于自然的幼儿园背后的理论和哲学。其次,我们详细地探讨了基于自然的教学法,包括如何创设物理学习环境。最后,我们把这些内容与日常活动计划及家园合作进行了整合。每一章都包含背景信息、在实践中运用概念的具体案例、常见问题解答,以及"实践反思"环节,旨在鼓励你思考当前的教学实践以及向基于自然的教育转变的可能性。我再次强调,希望这本书能为教育工作者提供将自然融入教学的具体步骤,以加强他们已在实践的高质量幼儿教育的效果。毕竟,孩子们应该不断地拥有与自然世界真实而有意义的互动经验。

# 目 录

## 第一部分　奠定基础 / 1

第一章　什么是基于自然的幼儿园？/ 2
第二章　构建幼儿园的理念与教学法 / 13
第三章　教师团队 / 34
第四章　管理和运营 / 52

## 第二部分　物理学习环境 / 65

第五章　室内 / 66
第六章　室外：自然游戏区 / 84
第七章　园外 / 106

## 第三部分　整合一切 / 115

第八章　计划幼儿园的一天 / 116
第九章　助力家庭成功 / 125

附录　免费或价格低廉的材料 / 135

参考文献 / 137

# 第一部分　奠定基础

本书的第一部分旨在为实施基于自然的教育方法奠定基础。首先,我们将详细探讨"基于自然的幼儿园"的内涵是什么,以明确我们的目标。其次,为了在教室里有效实施新措施,我们需要理解这些措施背后的原因。因此,我们将讨论基于自然的教育的哲学基础和教学法。最后,我们将讨论在遵循国家许可规定和确保儿童安全的前提下,实施这种方法所面临的实际困难。

# 第一章

## 什么是基于自然的幼儿园？

基于自然的幼儿园属于更广泛的类别——基于自然的幼儿教育（Nature-based Early Childhood Education，NbECE），它包含任何将幼儿教育与环境教育相结合的项目。本书主要关注的是基于自然的幼儿园，它将以上各领域的最佳实践完美结合，形成了一种独特的教学法。这种融合的方法产生的效果远超各领域的简单相加。

考虑到儿童可以从自然中获得的益处，在我的理想世界里，每一所幼儿园都可以成为成熟的基于自然的幼儿园。虽然我对改变世界持有更加乐观的态度，但我并非天真的人。我清楚地意识到，这并不是一个现实的目标，而让所有幼儿园朝着完全整合的方向迈进则更加切实可行。

几乎每个提供幼儿教育的机构在将自然融入自己的实践方面都处于连续体（continuum）[①]上的某个位置。比如，机构中的教师可能会把有趣的植物和动物引入课堂供孩子们观察，并提供关于自然的书籍，其内容涵盖树木、草地、水域、鸟类甚至珊瑚礁这样独特的生态系统。机构中的教师可能还会带孩子们去当地的公园或动物园进行实地考察。如果你已经做了这些，那就太好了！本书的主要目的是帮助你更进一步，将你的园所推向更接近基于自然的幼

---

[①] "continuum"指的是一种连续体或连续状态，在这样的连续体或状态中，没有明确的界限将不同的部分分开，每个点之间的差异是微小的，变化是循序渐进的，通常用于描述时间、空间、数量、温度等方面的连续变化。作者在这里用"连续体"一词来表达将自然融入幼儿教育实践中是一个持续前进的过程，所有幼儿园的实践都或多或少涉及自然。——译者注

儿园的方向。然而，在了解改变当前实践的具体建议之前，重要的是先理解作为两个独立的领域的幼儿教育和环境教育，以及它们如何被整合在一起。

## 幼儿教育与环境教育的融合之处

孩子生命中的前八年是认知、身体、社会情感能力发展和精神成长的关键阶段。幼儿教育实践应遵循发展适宜性的原则；卡罗尔·科普尔（Carol Copple）和苏·布雷德坎普（Sue Bredekamp）指出，这一原则强调儿童通过游戏进行学习。许多幼儿园采用生成课程的方法，即教师根据所教授的儿童群体的兴趣、需求和技能规划活动和课程。在童年早期培养儿童对学习的热爱，激发他们的好奇心和惊奇感，对儿童的幸福和终身成功非常重要。越来越多的证据显示，基于游戏、以儿童为中心的教育方法有助于儿童未来取得更大的学业成就。令人鼓舞的是，基于自然的幼儿园教育方法正是植根于一种以游戏为基础、强调探索和惊奇的生成课程的方法！

从广义上讲，环境教育致力于培养对地球负责任的个体。为实现这一目标，环境教育涵盖了知识、技能和情感发展，以促进个体亲环境的行为。幼儿教育中的环境教育主要侧重于引导儿童发现自然世界、增强儿童在户外的舒适感，并为其建立与自然世界的终生联系奠定基础，培养他们的亲环境行为。

幼儿教育与环境教育的融合即是"基于自然的幼儿教育"。儿童在这种教育中获得的经验远比他们在一些幼儿园组织的"恰好在户外"的活动中获得的经验更丰富。在基于自然的幼儿教育里，学习不仅仅发生在自然环境中，在各个方面都会与自然元素相结合，并成为教学法的核心。基于自然的幼儿教育项目包括全天候的户外教育项目如瓦尔德幼儿园（waldkindergartens）[①]和

---

[①] 来自德语单词"waldkindergärten"，字面意思是"森林幼儿园"。这是一种独特的教育模式，起源于欧洲，特别是在德国和瑞士很受欢迎。在这种模式下，幼儿园的活动主要在户外（尤其是森林或其他自然环境中）进行。——译者注

基于自然的幼儿园。本书的主要目的是帮助读者开发基于自然的幼儿园。基于自然的幼儿园的组织架构和运营模式有很多，我将主要描述我所认为的理想的基于自然的幼儿园，这样无论你的起点在哪里，你都能朝着基于自然的教育方向迈进。

基于自然的幼儿园与传统幼儿园的主要区别是什么？历史上，基于自然的幼儿园多设在自然环境中，但现在它们的经营模式正在变得越来越多样化，如农场幼儿园、大学附属幼儿园、动物园幼儿园、公私合作幼儿园等。但最为关键的并非行政管理或财务结构，而是其所采用的教育方法。

基于自然的幼儿园完美地融合了幼儿教育的最佳实践与环境教育的优秀做法。它们主要是正规注册的接收3—5岁儿童的幼儿园，可能采用的是半日制，也可能是全日制，并且这些幼儿园的儿童每天至少有30%的时间在户外度过。自然是教学活动的核心，并贯穿于儿童的所有在园经验之中。《与自然共学》（*Learning with Nature*）一书的作者克莱尔·沃登将基于自然的幼儿园的空间分为室内、室外以及园外（即幼儿园外的自然区域）。基于自然的幼儿园着重通过每日丰富的户外活动帮助儿童与自然世界建立紧密的联系，并通过以儿童为中心的、聚焦于自然的生成课程促进儿童的全面发展。

## 基于自然的幼儿园：概览

仅由自然中心运营，并不能直接决定一所幼儿园是基于自然的园所。同样，幼儿园的地理位置靠近自然区域，也不代表这所幼儿园就基于自然。此外，幼儿园即便创设了一个可以使用自然材料的户外游戏区，也不足以被归类为基于自然的幼儿园。那么，什么因素才是关键呢？基于自然的教育的核心在于日常的幼儿园实践——既包括组织架构，也包括教学过程——这些要素共同塑造了基于自然的教育方法。这意味着，任何幼儿园只要在教学和管理实践中有明确的目标和意图，都可以成为基于自然的幼儿园。换言之，你的园所也能运用基于自然的教育模式！

## 目标

基于自然的幼儿园设定了两个核心目标：以发展适宜的方式对儿童进行教育，并培养儿童保护环境的意识。这意味着我们致力于支持儿童在各个领域的发展，包括身体、社会情感能力和认知发展。此外，还包括这些领域的子领域（如精神成长和审美能力等）的发展。同时，基于自然的幼儿园努力帮助儿童建立与自然世界的深刻联系，为他们形成环境可持续行为打下基础。在基于自然的教育方法中，与自然世界的联系不仅是众多儿童发展目标中的一项，而且是最重要的目标之一。毕竟，幼儿教育和环境教育两大领域的融合，共同构成了"基于自然的幼儿教育"。

## 学习空间

定期接触自然环境是基于自然的幼儿园教育方法中的第一个关键因素，而物理空间的结构是第二个关键因素。在基于自然的幼儿园中，学习活动既可以在室内进行，也可以在室外的自然游戏区以及游戏区外的更为自然的环境（即园外的自然区域）中进行。为了具体阐述，我们不妨设想一下这样一个幼儿园里的场景。

> 在抵达幼儿园后，家长和孩子们用适合他们年龄的方式签到，把背包放进室内的儿童储物柜，然后向外走去与教师汇合。他们沿着曲折的林间小径缓缓前行，脚下的落叶发出沙沙声，直到他们走到室外游戏场地。在那里，戴着帽子和手套、穿着多层保暖衣物的教师面带微笑地迎接他们。孩子们在沙池、泥巴厨房、山丘或其他自然场景中找到了他们的小伙伴。新到的孩子向父母简短告别后，便跑去加入小

伙伴们的行列，身上的雨衣在他奔跑时沙沙作响。一些开放性材料（如树枝、桶和PVC①管）被孩子们改造为滑梯、堡垒、捕捉坏人的陷阱等各种玩具。教师也加入游戏，作为孩子们的游戏伙伴，与他们一同玩耍。

大约1小时后，一名教师走到游戏区，提醒孩子们游戏将在五分钟内结束。孩子们争分夺秒地享受这最后几分钟的欢乐时光，直到教师摇晃松鼠呼叫器，号召大家聚集在树桩圈内。每个人都在树桩圈内找到了自己的位置。

教师正式地欢迎每个学生，对当天参与班级活动的访客表示感谢，并对缺席的学生表示祝福。欢迎仪式结束后，教师兴奋地凑近孩子们，低声说："猜猜我们今天要去哪里远足？"孩子们满怀期待地大声猜测去他们最爱的地方——草地！沙丘！池塘！教师回答道："我们稍后会再去访问这些美丽的地方，但今天我们要去森林。"

在带上森林探险工具、徒步路上需要的安全装备，以及清点人数后，大家出发了。儿童排成松散的一队，由一名教师带领。另一名教师在后方，还有一名教师和其他成人在队伍中间辅助——他们在愉快地行走或蹦跳的孩子们中间穿梭并和他们交谈。到达目的地后，教师会再次强调安全问题，划定活动边界，将探索工具准备好。森林探险开始了，孩子们使用镜子、勺子、昆虫盒等工具，探索蘑菇、翻动树干或触摸树皮。

当感觉孩子们探索的时间足够了时，教师再次用松鼠呼叫器召集儿童，引导他们反思自己的发现，然后慢慢回到幼儿园大楼。当儿童走进大楼时，户外的感觉再次迎面而来。

大楼内部的装饰充满了自然气息，有木制家具和柔和的中性色调

---

① 聚氯乙烯，英文全称为"polyvinyl chloride"。——译者注

的墙壁，清晨的阳光透过大窗户洒入室内。一些孩子迅速脱掉雨衣，这表明他们已不是第一次体验从室外转入室内。一些孩子则一件一件地换衣服，向身边的小伙伴讲述他们的冒险故事。他们在换好衣服后迅速进入教室，在桌子旁找到座位，开始家庭式的点心时间，他们在这里可以分享更多关于晨间冒险的故事。吃饱后，他们将在室内以自由游戏和小组活动来结束这一天。

低矮的窗台可以吸引孩子们观察窗外鸟食器上进食的松鼠，或者凝视远处的树木。教室里的材料包括各种与自然相关的物品，如种子、石头、儿童尺寸的蝴蝶翅膀道具、观鸟背心和望远镜。拼图上有当地野生动植物的图像。图书区里有关于自然的故事书和用来了解当地鸟类、野花和动物脚印的野外指南。松果、松针、橡子、干玉米和一篮子叶子被放在艺术区的颜料、棉球和纱线旁。

在教室里游戏过后，孩子们聚集在一起最后听一次故事，然后唱告别歌。教师让孩子们去找他们的父母，并沿着3小时前迎接他们的林间小径离开。

在这个场景中，游戏活动分布在三个独特的空间（室内、室外和园外），这些空间都体现了当地自然环境的特点。这三个空间各自扮演着关键角色。理想情况下，室外与室内之间的边界应当是模糊的。儿童通过与各种材料、教师和同伴之间的互动，将学习与室外和园外的体验紧密相连。室外的自然游戏区充满了多样的人造及自然的开放性材料，为支持儿童所有发展领域的学习提供了丰富的环境。园外空间则为儿童提供了一种相较于室内和室外空间更不可预知的"野"外体验——今天大自然会展现给我们什么？这三个不同的空间（室内、室外和园外）受人为干预和控制的程度各不相同，其中室内空间受人为影响最大，而园外空间受人为干扰程度最小。

据帕蒂·贝利（Patti Bailie）在《自然游戏与学习场所》（*Nature Play and Learning Places*）一书中所述，基于自然的幼儿园中的儿童每天至少有30%的时间在户外，即3小时的课程至少有1小时开展于户外，6小时的课程则至少有两小时在户外开展。许多基于自然的幼儿园的户外的时间更长；实际上，有些幼儿园几乎全年都在户外开展活动。唯一的例外是在遇到危险天气（包括雷电、严寒、强风等）的情况下。下雨天或气温低于零度并不算作危险天气。毕竟，准备好适当的装备可以让雨天或寒冷的天气成为游戏的好时机。

当然，每日的户外活动并非单纯为了考验孩子们坚忍的品质，或者检验他们能否忍受户外的各种天气条件。更关键的是，每日的户外活动旨在为儿童提供积极且富有意义的游戏体验。在泥坑里跳跃的欢乐，戴着手套捕捉飘落的雪花并探究它们是否独一无二等，都是奇妙的体验。每天的户外时间为儿童提供了一个机会，可以让他们在不同状态的世界里感受奇迹，对阳光、雨水、雪花以及炎热和寒冷的天气中出现的细节表示惊奇。

## 生成课程

除了物理环境的三个维度外，基于自然的幼儿园教育方法的核心之一是生成课程。这种课程建立在教师日常的灵活规划和基于儿童兴趣不断扩展的与儿童间的互动上。由于儿童户外活动的时间非常充足，而大自然往往可以激发孩子们的许多兴趣，因此，课程通常围绕着自然界的季节变化而展开。

这些季节性的真实体验，加上儿童的兴趣，引领着儿童的学习在室内、室外和园外间流动。例如，一群儿童可能在春天的土壤里发现了许多蠕动的蚯蚓，这种季节性现象激发了他们的好奇心。在室外游戏区，教师可以提供很多的桶和勺子供儿童收集蚯蚓。在园外远足时，教师或许可以携带一块白板，用于记录儿童在远足中发现的蚯蚓数量。在室内时，小组活动可以是制作蚯蚓赛道，通过讨论、预测和观察哪条蚯蚓最先到达终点来学习。当然，在儿童了解蚯蚓的过程中，教师也要教导儿童如何温柔地对待它们，并在探索结束后将它们安全地放回到自然环境中。教师让儿童的兴趣引领活动的方向，并扩展他们的学习经验，将其整合到多个教学目标中。

基于自然的幼儿园的一个特点是有意地将自然体验与教学法相结合。作为幼儿教育工作者，你可能经常听到这样的问题："难道孩子们整天就只是玩？"对于许多幼儿教育工作者来说，这样的问题就像用指甲刮黑板一样让人不舒服，因为我们深知游戏本身就是一种学习。对于那些类似"你们不过是在树林里散步而已"的评论，我也会产生不太舒服的感受。确实，从表面看孩子们是在玩耍或在树林里行走，但优秀的教育者会通过观察、提问和反思来促进孩子们的学习。树林里的散步可能没有预设的具体目的地，但其目标——孩子们的学习——是明确的。

## 教师角色

优美的物理环境和精彩的课程计划只是支持儿童学习的一部分。一所幼儿园能否提供高质量的学习，关键在于教师与儿童之间的互动。基于自然的幼儿园中的教师的职责是将孩子们每一天、每一周，以及在三个不同的物理空间内的体验联系起来。基于自然的幼儿园中的师幼对话和教师提问旨在鼓励和支持儿童的学习，同时在提供信息和让儿童自己探索答案之间保持平衡。从本质上讲，这些互动体现了对儿童的重视。儿童被视为有能力且充满见解和兴趣的个体。基于自然的幼儿园中的教师重视儿童的想法和意见，这一做法天然地使得这些园所以儿童为中心。

在基于自然的幼儿园中进行教学意味着为儿童提供在自然中、关于自然以及与自然一起的学习机会，主要强调的是与自然一起学习。

## 许可证问题

你可能会注意到,基于自然的幼儿园被定义为需要持有许可证的园所。在基于自然的幼儿教育领域,有些人对将持有许可证作为界定基于自然的幼儿园的一项指标提出了疑问。我明白,在美国某些州,幼儿园可以在未获得许可证的情况下运营。有些州的有关部门会因为幼儿园没有固定场所或幼儿在园时间低于特定阈值而不对其颁发许可证。例如,正如我之前提及的,森林幼儿园往往是无证运营的。对于这些幼儿园,我宁可信其好。我相信他们不是在逃避规则,而是其所在州缺乏他们能够遵循的规定。大多数许可证的申请标准主要针对的是室内设施,因此,像森林幼儿园这类形式可能会让审查者不知所措。

为解决这一问题,美国华盛顿州最近通过了一项法律,为全户外幼儿园制定了许可规定。我希望华盛顿州的举措能激励美国其他州,为在有限物理空间内运营的幼儿园制定相应的许可规定。确保基于自然的幼儿园在安全且符合儿童需求的方式下运营仍然非常重要。许可规定明确了安全和质量的最低标准,并提供了一套系统来检查幼儿园对这些标准的遵守情况。

我期望你对高质量的基于自然的幼儿园有更为清晰的认识。接下来的几章内容以此为重点,我将提供一系列建议,帮助你从传统的幼儿教育方法的使用者转变为基于自然的教育方法的践行者。对于许多传统幼儿园来说,向以儿童为中心的生成课程转变并提供三种不同的学习环境,可能需要付出大量的努力,但请相信,这样的改变是完全可能并且可行的!

## 常见问题解答

**1. 我为什么要创建一所基于自然的幼儿园，而不选择创建一所传统的幼儿园呢？基于自然的幼儿园能让儿童获得哪些他们在其他地方无法学到的知识和技能？**

基于自然的幼儿园通过帮助儿童与周边的自然世界建立真实而有意义的联系，可以达到与传统幼儿园相同的教育效果。它不仅重视儿童的全面发展，而且在儿童体验世界的奇妙以及感受超越自我的存在的过程中，促进他们深层次的社会情感能力发展和精神成长。

**2. 把现有幼儿园转变为基于自然的幼儿园需要投入多少资金？**

实际上，将现有幼儿园转变为基于自然的幼儿园所需的资金投入相对较少，可能会有一些设备和材料的费用，以及员工专业培训的支出。但转变的真正挑战在于调整园所文化，即管理人员、教师、家长和孩子的态度与行为。如果你急于改变园所文化，那么可能会破坏人际关系。因此，慢慢来，保持耐心，并让整个过程保持公开透明。

**3. 把现有幼儿园转变为基于自然的幼儿园需要多长时间？**

正如之前提到的，改变当前实践的最大挑战在于改变园所文化，这通常需要较长时间。你可以立即开始做出一些小的改变。你做出的改变越多，就越能在基于自然的实践过程中更快地前进。但要记住，这不是一场比赛。重要的是为儿童创设积极有效的学习环境，这需要你每天在管理和教学上做出有意的决策。花些时间，一两年后你会惊讶地发现自己已经取得了巨大的进步。

**4. 生成课程如何体现政府部门规定的各年龄段儿童应该学习的所有内容和技能?**

毫无疑问,实施生成课程是一项艰巨的任务。然而,用生成课程来实现早期学习标准中的内容和技能目标是完全可能的。每日活动计划不仅要符合儿童的兴趣,也要呼应课程目标。也就是说,在制订活动计划时,你不仅要考虑儿童感兴趣的领域和活动,还要思考如何在这些领域和活动中融入必要的内容和技能学习。

### 实践反思

1. 在我园的教育理念中,自然扮演的角色是什么?
2. 我园对自然的重视程度如何?这在制定制度和日常实践方面是如何体现的?
3. 我希望自然在我的教育理念中发挥怎样的价值和作用?
4. 对于开办一所基于自然的幼儿园或者改造现有园所,我还有哪些疑问和困惑?
5. 我对天气条件、昆虫、动物、泥土以及其他自然元素的容忍度是多少?园所其他同事的容忍度又如何?

## 第二章
# 构建幼儿园的理念与教学法

著名棒球运动员约吉·贝拉（Yogi Berra）曾说过："如果你不清楚自己的目的地，那么你最终会到达其他地方。"这个理念同样适用于改进幼儿教育的实践。明确你的最终目标对于成功转型至关重要。否则，你可能会偏离轨道，无法创建真正基于自然的幼儿园。

## 术语定义

无论是基于自然的幼儿园还是任何其他学校，都需要确立使命宣言、教育理念、一套具体的制度以及独特的教学法。这些要素是指导基于自然的幼儿园运营的关键。

- **使命宣言**：它明确了幼儿园的主要目标。幼儿园的使命通常这样表述："为幼儿提供一个安全、富有教育意义的学习环境。"而一所基于自然的幼儿园的使命宣言可能是："芽苗自然幼儿园致力于为幼儿提供一流的教育环境，满足幼儿全面发展的需求，并引导他们与自然世界建立长久而有意义的联系。"幼儿园里发生的所有事情都应朝着使命宣言中的目标靠近。
- **教育理念**：它是对你为什么以及如何落实使命宣言的详细描述。它是一套价值观，构成了园所制度和日常程序的基础——它是教师和管理人员在幼儿园内以特定的方法做某些事情时所遵循的基本原理。教师和管理人员的日常决策都基于其教育理念。挑战在于理清这些决策背后的逻辑，并确保所有制度和场景所体现的教育理念保持一致。为此，除了撰写使命宣言外，幼儿园还需要制定一份书面的教育理念声明。

- 制度：它们可以明确指导幼儿园工作人员在特定的场景应做什么。园所制度通常被汇总在员工手册中，指导教师和管理人员处理从日常活动安排到紧急情况的各种事务。关于这些实用文件的详细内容，我们将在后续章节中进一步探讨。
- 教学法：它涉及园所具体的教学方式。所有基于自然的幼儿园在教学法方面都有一些共同点，我们将在本书的后续章节中详细讨论。

所有这些要素共同决定了一所基于自然的幼儿园每天如何运营，以及为什么会以这种方式运营。例如，我们之前提到的一个基于自然的幼儿园的使命宣言为："芽苗自然幼儿园致力于为幼儿提供一流的教育环境，满足幼儿全面发展的需求，并引导他们与自然世界建立长久而有意义的联系。"为了实现这一目标，该园制定了由幼儿园来为幼儿提供点心的制度。这一制度背后的教育理念可能包括：

- 均衡营养至关重要，因此我们在幼儿园里将确保为幼儿提供有营养的点心；
- 我们致力于营造一个公平的幼儿园环境，确保每名幼儿不被忽视或被特别对待；
- 由于我们希望将游戏和学习时间最大化，因此，为幼儿直接提供点心比在点心时间从幼儿的背包里拿取并分发家长准备的食物更高效。

此外，提供点心的行为也是这个基于自然的幼儿园教学法的组成部分，因为它向幼儿传递了教育理念背后所蕴含的价值。

无论你是想将现有幼儿园转型为基于自然的幼儿园，还是打算从零开始建立一个新的基于自然的幼儿园，都需要确保园所的使命宣言、教育理念、制度和教学法与基于自然的幼儿教育所倡导的价值观和实践相符。下面，我们将更深入地探讨这些关键组成部分。

## 确立教育理念

即便你是一名教师，不直接负责确立园所教育理念，该节的内容对你来说可能仍然是有帮助的。作为教育者，我们都应对自己关于幼儿教育方式的信念有清晰的认识，这样才能确保我们的工作符合自己的教育理念。

在前一章里，我描述了将幼儿教育与环境教育相结合的基于自然的幼儿教育。幼儿教育与环境教育这两个广泛的领域为构建基于自然的教育理念提供了良好的起点。你需要先问自己一些关于在任何基于自然的幼儿园里实施幼儿教育的问题。但在深入探讨这些具体问题之前，我们先来讨论一下确立园所教育理念的过程。

### 让员工参与

如果你是一名管理者，那么你确立园所教育理念的方法将植根于你个人的管理风格。在关于管理风格的书籍中，一个普遍的观点是，员工在确立园所教育理念的过程中参与得越多，对园所的认同感就越强。因此，你需要让员工参与评估和确立教育理念的过程，共同回答本章剩余部分的问题。突然向员工强加一套全新的教育理念很可能会遭到他们的抵触。举办一次研讨会可以为员工提供一个共同构建教育理念的机会。但更好的做法可能是在一段时间里，甚至是一两年当中，逐步讨论本章的问题，并召集全体员工举办一次或多次共识建立活动，以明确这些问题的答案。具体的做法将取决于你的管理风格，关键是员工的参与将有助于成功。

一旦所有员工达成了关于教育理念的共识，就应将其书面化并分发给大家，以确保团队中的每个人对园所举措的理解一致。

### 基于自然的幼儿园教育理念的核心要素

尽管每所基于自然的幼儿园都有其独特的教育理念，但其中存在一些相同的要素。基于自然的幼儿园坚信户外经验对于儿童全面发展的重要性。这些户外经验让儿童有机会在自然环境中学习，将自然视为老师。户外经验还培养了一种地方感①。因此，基于自然的幼儿园更注重与本地环境而非遥远他乡的联系。比如，在实践中，这意味着幼儿园要关注本地的植物和动物，而不是远方的异地物种。培养地方感也包括了解并与当地社区的人文元素建立连接。与本地的联系能够激发儿童对该地区的责任感和保护本地环境的愿望。环境可持续性也是基于自然的幼儿园的核心价值观之一。

尽管拥有共同的主题，基于自然的幼儿园的教育理念仍然多种多样，就如同幼儿教育本身一样。因此，确保所有员工和家长了解幼儿园决策和举措背后的理念基础非常重要。无论你是管理者还是教师，这一基础都是在回答关于广义的幼儿教育以及特定的基于自然的幼儿教育的问题时形成的。接下来将探讨这些问题。

### 幼儿教育的一般性问题

对于任何幼儿园来说，确定想服务的对象、如何服务他们，以及为什么想服务他们非常关键。这些问题的答案会很大程度地影响园所实践。

确定服务对象时，可以考虑多种人口特征。你是只服务于3岁和4岁的儿童，还是包括婴幼儿？你希望幼儿园人口的构成多样化吗？对你而言，多

---

① "地方感"（sense of place）体现了人们与自己居住和活动的地方之间的深厚联系，它是一个关于个人与环境互动的心理学和地理学概念。它描述了人们对于特定地点的情感联系和认同感，这种联系和认同通常是通过个人在该地点的经历、记忆和与该地点相关的意义建立起来的。在教育和环境研究中，地方感强调了个体与其周围环境之间的关系，包括自然环境和社会环境。例如，在基于自然的幼儿园中，培养地方感意味着让孩子们深入了解和感受他们所在的自然环境，如当地的植物、动物和自然景观，从而培养他们对这个环境的认同感和责任感。——译者注

样化的含义是什么？是否包括经济、种族和地域上的差异？是否涵盖有特殊需求的儿童？对于这些问题，还有一个至关重要的后续问题——为什么？为什么为这些不同的人群提供服务对你来说很重要？回答"为什么"可以为行政决策提供指导，比如是否提供奖学金或聘请治疗师等。

在确定了服务对象之后，接下来的步骤是确定如何服务他们。在你的幼儿园里，教师扮演什么样的角色？在这本书里，我把教师描述为与儿童一同学习的伙伴，但这可能不完全符合你持有的关于成人与儿童互动的理念。这种互动中的一个重要部分是，明确你认为儿童应该被允许或鼓励做什么。你认为儿童有哪些能力和局限？有哪些事情是儿童不应该做的？就成人与儿童互动而言，另一个需要思考的是家长的角色。你认为家长在孩子的教育中，尤其是在幼儿教育中，应该扮演怎样的角色？

## 基于自然的幼儿教育的问题

前一节提出的问题在任何园所中都非常重要，同时还有一些特别针对基于自然环境的哲学问题需要解答。其中，最重要、也可能最明显的问题是"为什么？"。比如，你为什么认为儿童需要体验自然？这些体验应当包含哪些内容？它们应该多久进行一次？与谁一起体验？

我鼓励你在回答这些问题时进行深入思考。例如，对于为什么儿童需要体验自然这一问题，我的回答是：在本书开篇，我描述了自然对儿童全面发展的强大影响。我经常提到促进儿童发展是我从事这项工作的原因之一，这是事实。但如果进一步挖掘我的个人理念，我从事这项工作的根本原因在于我深深热爱着自然世界，爱它所有的美丽和奇妙。我相信作为人类，我们有责任关爱地球，而实现这一目标的途径是帮助儿童从小就与自然建立情感联系。

因此，在回答"为什么选择自然？"这个问题时，请你务必深入探究，找到你从事这项工作的核心原因。美妙的是，尽管每个人的理由可能略有不同,但我们都有一个共同的愿望,那就是让儿童与大自然联系起来。

## 制定园所制度

确定了使命宣言和教育理念之后,下一步就是规划如何将自然融入幼儿园的制度中,或者在既有的情况下你应该如何行动。为此,你需要审视园所的日常安排和物理学习环境,诚实地评估目前的制度在融入自然方面做得如何。(关于教学法或教学实践的内容将在下一节讨论。)每章结尾的"实践反思"环节旨在帮助你完成这一过程,但以下是你当前需要考虑的一些问题示例。

### 日常安排

- 儿童的一天是从哪里(室内还是室外)开始的?
- 目前儿童每天在室外的时间是多少?

### 物理学习环境

**室内**

- 你如何将自然元素融入教室?
- 教室里是否养了动物?是否种了植物?儿童能与它们互动吗?
- 你有关于本地自然环境或与本地自然特色相关的书籍吗?
- 你引入了哪些其他自然元素?孩子们如何使用或探索这些元素?

**室外**

- 儿童目前每天在室外的时间是多少?
- 他们通常在室外哪些地方活动?
- 室外游戏区是否给人一种自然空间的感觉?
- 室外提供了哪些开放性材料(如树枝、铲子、橡子、PVC管等)?

**园外**
- 你目前是否会带孩子们去园外郊游？去哪些地方？如何前往？
- 你所在的地区有哪些可供探索的场所（如公园、自然中心、农场等）？

一旦确定了你的园所在整合自然的连续体上所处的位置，就可以思考一下你希望达到的水平。现行的制度和你所期望的制度是否一致？如果有出入，你可以在哪些方面改进？实现这些目标的障碍有哪些？确定你当前可以采取哪些小步骤来实现你的目标。

> **转型为基于自然的幼儿园：通过制度变革弥合教学法的差异**
>
> 我协助过一所多年来一直努力亲近自然的幼儿园。教职工在室内引入了自然元素，并在室外游戏区增加了更多自然物品和开放性材料，但他们仍觉得有所不足。他们发现，要真正实施他们所追求的基于自然的教学法，就必须克服一个主要的困难：定期前往园外。虽然该幼儿园附近有一个公园，但教师认为在一天的课程时间内步行往返太耗时。
>
> 为了解决这一问题，园方制定了一项新制度。他们安排家长或监护人每周一次直接将孩子带到公园，而非幼儿园。在园外时间结束后，教师和儿童再步行回幼儿园度过当天的剩余时间。
>
> 通过识别愿景、障碍以及调整政策以帮助他们克服困难，这个团队得以更接近他们为幼儿园设定的目标。

## 确立你的教学法

在深入理解了基于自然的幼儿园背后的理念和动机之后，你就可以开始思考如何达成园所的使命。以下是基于自然的幼儿园的教学法（你怎么教和教什么）的一些关键因素。

## 支持儿童全面发展与学习

在确立教育理念并实施教学法的过程中,能够清楚地表达你的教学法如何促进儿童发展至关重要。假设一名家长走进你的教室,问:"孩子们现在在学什么?"你应该能够描述当下儿童正在进行的学习。

近年来,越来越多的家长要求幼儿园提高孩子们的学业技能——尤其是与识字能力相关的技能。虽然这些技能重要,但其他发展领域同样不容忽视。实际上,目前美国大多数州制定了涵盖所有领域的幼儿教育学习标准。幸运的是,基于自然的幼儿园能够独特地支持儿童认知技能以及其他所有领域的发展,从而满足幼儿教育学习标准。

以下内容详细解释了基于自然的幼儿园如何在认知、社会情感能力、身体和精神方面具体支持儿童的发展。

**认知发展**:自然空间让孩子全方位地调动感官,培养创造性思维,并在特定学科领域获得技能和知识。

- **数学**:数学元素容易融入户外学习。例如:当儿童发现昆虫时,教师可以和他们一起数昆虫有几条腿;寻找更多的昆虫,用图表记录每只昆虫有几条腿;与儿童一起分析他们收集的数据,讨论他们的发现。
- **科学**:科学元素也很容易融入基于自然的实践。例如:如果孩子们对在户外看到的小鸟感兴趣,那么教师可以帮助他们了解更多——引入适宜的关于鸟类动物的信息类资料;鼓励儿童拍摄当地鸟类动物的照片,然后帮助他们识别这些鸟;探索鸟类动物的饮食习惯和栖息地。
- **语言**:在儿童探索和调查自然过程中,他们的语言能力会在和你对话的过程中自然发展。使用多样的科学词语和形容自然世界的词语,不仅有助于扩充儿童的词汇量,还有助于构建科学学科语言——尤其是自然历史方面的语言。
- **早期读写**:除了引入与儿童兴趣相关的信息类资料,教师还可以在日常对话和儿童的其他活动中融入读写元素。例如，在儿童学习当地鸟类动物时，你可以帮助他们识别字母发音。你可以说："bird（鸟）以b开头。b发/b/音。我们一起来写字母b吧。"
- 美术和音乐：户外是进行各种美术探索或与儿童一起创作音乐的理想场所。自古以来，自然世界激发了很多艺术家的灵感——包括我们当中年龄较小的艺术家。

**社会情感能力发展**：可以充分发挥儿童想象力的开放性游戏为儿童与同伴互动以及提高解决问题的能力提供了许多机会。

**身体发展**：研究者普贾·坦登（Pooja Tandon）、布赖恩·塞伦斯（Brian Saelens）和迪米特里·克里斯塔基斯（Dimitri Christakis）指出，一般来说，学龄前儿童在户外活动和由儿童主导的游戏中表现得更加活跃。幸运的是，自然游戏区和园外探索提供了许多由儿童主导的户外活动机会，有助于促进儿童的平衡能力、协调能力和身体力量的发展。例如，作家安杰拉·汉斯科姆（Angela Hanscom）在她的著作《平衡与赤脚》（*Balanced and Barefoot*）中指出，身体力量的发展（特别是核心力量）和跨越身体中线的活动（涉及从身体一侧到另一侧的运动），不仅对儿童的身体有益，也对支持儿童坐稳并专注于认知任务非常重要。

**精神成长**：在自然世界中，无论是活泼的游戏还是安静的思考，都为儿童提供了远离喧嚣的人造世界的机会，让儿童可以体验一个不同的世界，并感受自己是更广阔的天地的一部分。德博拉·沙因（Deborah Schein）与玛丽·里夫金（Mary Rivkin）共同撰写了《走进美妙的户外：为幼儿争取自然空间》（*The Great Outdoors: Advocating for Natural Spaces for Young Children*），她们认为自然带来的惊奇、快乐和内心的平静是儿童精神成长的基石。这种与自然的精神连接，以及对自然世界由衷的欣赏和热爱，是帮助儿童培养环保意识和可持续行为的重要因素。

能够清楚地表达儿童在真实的、基于游戏的自然环境中所学的内容，是完善你的教育理念的一环。你要坚信并践行基于自然的教学法，包括理解这种方法如何支持儿童的全面成长。

## 生成课程

你可能已经注意到，本书并没有提供很多具体的户外活动指导方法。这是因为真正的生成课程需要以儿童为中心，而不能依赖预设的活动计划。如今，许多州都有幼儿学习标准，规定了我们应该教给幼儿的知识和技能。尽管这些标准有它们的价值，可以帮助我们反思教学实践，但我也认同研究者莉莲·凯兹（Lilian Katz）所提出的"经验标准"：注重为儿童提供多样的经验，而不仅仅是传授特定的知识或技能。凯兹认为，这些经验不仅有助于儿童实现智力方面的目标，而且有助于他们实现审美和道德情感方面的目标，而不只是侧重于"获取零碎的抽象知识的学业目标"。在幼儿课程方面，她继续强调，适宜的课程应该鼓励儿童在追求智力兴趣[①]的同时，逐步掌握基本的学业技能。基于自然的幼儿园应主要通过提供各种对儿童有意义的经验，来支持他们的智力发展追求——他们的兴趣和想法。儿童从这些经历中获得的经验会因为他当前的发展水平、之前的经验以及所处的具体环境而有所不同。

我可以给你提供一份儿童户外活动清单，但我认为，提供一种广泛的教育方法用以指导你的日常决策更有意义。我的目标是引导你思考选择哪些活动，并帮助你清晰地表达为什么选择这些活动。那么，我们如何为儿童提供符合他们的兴趣和想法的经验呢？对于基于自然的教学法的问题，以下给出了三个关键的答案。

---

[①] "intellectual pursuits" 指的是"智力活动"或"智力兴趣"。这些活动通常涉及通过学习、研究、阅读、写作、辩论和参与具有智力挑战性的活动或讨论来刺激和锻炼大脑，进而扩展个体的知识、提高个体的认知能力，以及满足个体对世界的好奇心。——译者注

- 每日回应性计划
- 在自然中学习，关于自然的学习，与自然一起学习
- 实时调整

> **成为一所基于自然的幼儿园：从固定课程到回应性课程**
>
> 我指导过一所幼儿园，他们花了几年时间把固定课程转变为每日回应性计划课程。在我刚开始介入的时候，该园的课程以季节为单元，所有的活动都是教师根据一年中的典型情况和事件提前几个月计划的。儿童的兴趣和想法根本没有得以体现——毕竟，全年的课程计划在班级儿童名单确定之前就完成了。
>
> 当我和这所幼儿园的教师一起工作时，他们开始发现有一种更好的计划课程的方式。单元活动的主题变得更加灵活，他们开始根据天气变化而不是固定的日期来开展单元活动，例如，教师将在每年的第一场雪到来的时候而不是 12 月 1 日开始实施单元活动，但这种做法仍然没有给儿童留下足够的空间将兴趣融入他们的学习。随着这些教师越来越适应生成课程，他们最终完全放弃了固定课程。他们不再事先制定教学日程，而是根据儿童当前的兴趣和即将到来的天气，对每周可能教授的内容形成一个大致的想法。每天在儿童离园后，他们再确定第二天的课程细节。

### 每日回应性计划

简单来说，在生成课程中，课程由儿童的兴趣和想法引发。提前数月或数周计划的活动并不是生成课程。虽然周计划可能在某种程度上回应儿童的兴趣，但日计划最能体现对儿童兴趣的回应。大团体和小团体活动的日常教案、在室内外区域投放的新材料，以及园外体验都应始终基于前几天发生的事情。要记住，活动之间的过渡环节也应该被纳入你的教案中，并且尽可能基于儿童当前的兴趣。这些活动和材料可能拓展儿童昨天做的事情，也可能为儿童提供一个新的方向，而这个新的方向是你基于自己观察到的儿童行为或他们表达的想法而产生的。通过这种回应性计划，你将儿童置于课程的中心。

如果你真的在实施生成课程，那么它自然会以儿童为中心——这是基于自然的教学法的核心原则。

理想情况下，日常的课程计划应由教学团队共同制订。这意味着每一名与儿童互动的教师都应深入思考儿童的学习情况以及如何有效地支持或拓展儿童的学习。这样做能让教学团队充分利用心理学家列夫·维果茨基（Lev Vygotsky）所提出的"最近发展区"理论，即当我们基于儿童当前的发展水平，并恰到好处地挑战他们以支持他们持续的成长时，丰富的学习行为就会发生。在理想的世界里，儿童自己也能对接下来要做什么提出建议。例如，"我们明天远足时应该做些什么？"这样简单的问题能让你深入了解儿童的兴趣所在。

现在，可能有人会说："我们没有时间每天都制订课程计划！"我明白，很多幼儿园里用于计划课程的时间通常仅限于每周的某个下午，有时甚至没有专门计划课程的时间。对于那些想要每日都制订课程计划的园所，我建议先为下周制订一个临时计划，然后根据每天的情况调整这些计划。这种方法可以让教师根据儿童的情况和天气变化保持灵活性，同时将每日计划课程的时间压缩到最少。但理想情况下，教学团队应每天聚集在一起，反思当天的学习情况，然后探讨如何以对孩子们有意义的方式扩展和深化这些学习内容。

你可能会好奇，为什么每日制订课程计划对生成课程和基于自然的教学法如此关键。实际上，我听过一些人争论说，每年都会有相同的季节性事件，因此教授这些内容似乎很合理。对此，我的回应是：当然，年复一年会有重复的季节性事件。此外，由于儿童在户外花费了大量时间，因此，他们的想法和兴趣很可能会围绕季节性事件展开；然而，他们提出的问题、所做的观察以及与生活其他方面的联系每年都会有所变化。每个孩子带着自己丰富的经验来到幼儿园，这些经验将影响他们如何体验和理解自然世界。通过观察和倾听孩子，我们就可以充分利用对儿童而言有意义的自然季节性事件，每一天都为他们提供个性化的幼儿园学习体验。

### 在自然中学习，关于自然的学习，与自然一起学习

基于自然的幼儿园为儿童提供了在自然中学习、关于自然的学习、与自然一起学习的机会。在这三种学习方式之间取得平衡需要教师制定更详细的教学决策。为了涵盖所有发展领域，在某种程度上，这三种学习方式可能会同时出现。

> 特妮莎和她的老师走向大橡树。特妮莎说："树，树是以T①开头的。"
>
> "是的。"卡特老师回答说，"树确实是以T开头的。"
>
> 就在这时，一只鹿从他们前面的小路穿过，消失在灌木丛中。特妮莎兴奋地向她的朋友贝卡挥手示意。"你看到了吗？你看到那只鹿了吗？它用四条腿跑得真快。鹿有棕色的毛和白色的尾巴。"
>
> 两个女孩和她们的老师一起走到橡树旁，用蜡笔在一张纸上画树皮。在工作的同时，她们谈论着鹿，并想知道它可能会去哪里。她们认为它肯定害怕她们，并且正在去找它的朋友们。

在这个例子中，儿童通过了解与树相关的内容发展她们的口语和早期读写技能，她们"在自然中学习"。同时，突然看到鹿并向同伴描述这一事件是"与自然一起学习"的例子。儿童对树的探索是她们"关于自然的学习"以及"与自然一起学习"的一部分。通过整合"在自然中学习""关于自然的学习"以及"与自然一起学习"，儿童的所有发展领域都得到了关注。相对于其他两种学习方式，基于自然的教育法尽可能地更加强调"与自然一起学习"。但我们如果真正关注儿童的全面发展，就不可能忽略"在自然中学习"和"关于自然的学习"。

---

① "树"的英文单词为"tree"，该单词首字母的大写体为"T"。——译者注

反思你的园所特定活动的开展频率和理解这三种学习方式之间的差异非常重要。"在自然中学习"包含任何发生在自然世界中的学习，但学习的发生不依赖自然。简单来说，这个学习活动如果在室内开展，那么效果可能一样。比如，将室内的拼图带到室外就是一个例子，因为拼图与自然环境无关，也不需要自然环境。"关于自然的学习"意味着活动内容聚焦于自然世界，但就像"在自然中学习"一样，它也不一定需要自然的存在。比如，完成描绘昆虫生命周期的拼图将是一个简单的"关于自然的学习"活动。一个更复杂的"关于自然的学习"活动可能是阅读关于昆虫的故事、唱诵关于昆虫的歌曲或表演关于昆虫的戏剧。

"与自然一起学习"则需要儿童身处自然环境中，与自然建立认知或社会情感方面的联系。在草地上通过收集和观察昆虫来探索昆虫世界就是一个"与自然一起学习"的例子。然而，即使在这种情况下，如果教师停下来向小组分享关于某种昆虫的信息，那么这个时刻也可能迅速转变为"关于自然的学习"。这并不是说分享信息不恰当，但教师需要慎重处理这些时刻。停下来以直接教学的方式为儿童提供信息，我们可能在支持儿童掌握和扩展相关知识和内容，但如果过于频繁地以这种方式教学，就可能会压制儿童对学习的惊奇感和热情——这是儿童社会情感能力发展的一部分。我们还可能扼杀儿童进行科学观察和提出我们可能没有料想到的问题的机会。虽然我们的目标是尽可能地促进儿童"与自然一起学习"，但"在自然中学习"和"关于自然的学习"也不能缺席。

除了支持所有发展领域之外，平衡"与自然一起学习""在自然中学习"以及"关于自然的学习"还有另一个原因：有时成人知道一些有趣的自然现象，而儿童可能无法自行发现它们。以美国东北部和加拿大东南部的枫糖季为例，儿童不可能自己发现春天枫树流出的树液可以煮成甜美可口的糖浆。然而，这是成人知道并可以向儿童分享的知识。

尽管如此，由教师发起的"关于自然的学习"活动并不意味着活动中的"与自然一起学习"就被抛弃了——在你发起之后，儿童仍然是主导者。教学法仍然可以并且应该强调游戏和探索，而不是一种说教式的"关于自然的学习"方法。例如，儿童可能将他们收集的树液倒入多个容器，而不仅仅是一个。他们也可能使用各种开放性材料来创造他们在远足时看到的枫树的模型。

**实时调整**

教学是一门艺术，教师需要根据儿童的需求和兴趣不断做出回应以及调整教学计划。这本质上是一种教学舞蹈，教师需要权衡在特定时刻由谁来引领活动——教师还是孩子。虽然儿童应该在大多数时间扮演引领者的角色，但是教师偶尔也需要提出问题或想法来丰富儿童的学习。这种回应式教学，即根据儿童的兴趣、经历和当前的发展情况做出回应，被研究者伊丽莎白·格劳（Elizabeth Graue）、克里斯汀·怀特（Kristin Whyte）和安妮·卡拉邦（Anne Karabon）称为"即兴教学"（improvisation）。他们解释说：

> 当教师积极回应儿童多样化的智力、社会情感体验及需求时，他们就在进行即兴教学；他们把多方面的知识融入与儿童的即时互动中。当教师利用自己对课堂内外儿童的了解作为教学的依据时，他们就为儿童提供了个性化的学习体验。

这种针对每个儿童的即时互动，在任何幼儿教育环境中都至关重要，但在基于自然的户外教育环境中尤为关键。自然世界提供了无数潜在的学习机会。在自然环境里，教学的艺术在于确定哪些机会值得抓住，哪些机会可以放过。这一决策考虑到了儿童的经历和需求以及自然现象本身。有时自然世界中出现的学习机会会持续很长时间，例如秋季树叶变色，而其他时候机会可能是短暂的,例如一只鸟短暂停留在附近的树枝上。这个事件是常见的还是不常发生的?这个机会会很快出现还是需要我们观察一段时间?儿童有没有相关的经验?现在他们是否需要注意一些事物,以便以后加以理解?就以这只鸟的例子来说,儿童注意到其大小和颜色对他们来说很重要吗?

对于这些问题,没有"正确"的答案。不同的回应可能会产生具有不同意义的学习成果。在教学中"与儿童共舞"、开展即兴教学并不容易,但教学的艺术以教师专业技能的发展为基础。我们越多地练习教学技能,就越能轻松地驾驭这种教学舞蹈并在当下灵活调整。我们愿意放弃原计划并抓住随之而来的机会,将支持儿童在基于自然的幼儿园里进行丰富而有意义的学习。大自然每天都为我们提供了调整计划的机会,而且大多数时候,这些机会将比任何原先计划的活动都更有力量。

### 一所基于自然的幼儿园:雪带来的计划调整

德尚和迈克两位教师原本计划今天带领儿童到园外的森林里徒步,让儿童有机会探索树木在冬季来临时发生的变化。但当小组开始沿着小径行进时,天空开始飘落雪花。儿童兴奋地指着天空,边走边聊着雪。

看到这一情形,德尚和迈克迅速商议,决定调整他们的计划,以回应儿童的新兴趣。德尚对儿童说:"大家看过来!快站到我这儿来。"在儿童聚拢过来后,他和迈克仔细清点人数,确保没人缺席。接着,德尚说:"现在,伸出一只手接住雪花吧!"

雪花落在儿童的手套上,迈克从他的背包里拿出放大镜,一一分发给儿童。他把最后一个放大镜交给约瑟芬娜,并看着她通过放大镜端详着她手里的雪花。"你看那片雪花有什么特点?"迈克指着一片雪花问道。

"它有尖刺。"约瑟芬娜说。"哇,它有多少个尖刺呢?"

## 记录儿童的学习

在任何幼儿教育课程中,记录并持续、真实地评估儿童的学习都非常重要。虽然有多种不同的记录方法可供选择，但你选择的任何一种都应能记录儿童的学习过程，以便未来用于制订课程计划、与家长沟通儿童的发展状况，以及与儿童共同回顾学习经历。同样重要的是，你的记录方式应与基于自然的教学理念相契合。

这意味着记录中应包含能体现儿童能力的信息。它应尊重基于游戏的学习，并且更侧重于观察，而不是依赖正式的评估方式，比如测试。记录还应成为一种工具，用于构建和深入拓展儿童的学习。例如，克莱尔·沃登的"谈话与思考地板书"方法就是一种基于自然的幼儿园经常使用的方法。你无论选择哪一种记录方法，都要确保能够持续记录儿童的学习进程，然后利用这些信息来指导你的每日课程计划。记录是一个循环的过程，它是制订课程计划中不可或缺的一部分。

### 将其他课程与基于自然的教学法相结合

如今，将基于自然的教学法与其他幼儿教育课程（如蒙台梭利课程、华德福课程、高瞻课程或创造力课程）结合的讨论日益增多。有些人认为，成熟的课程与基于自然的教学法无法有效结合。虽然对某些课程来说这可能是真的，但大多数常用的幼儿教育课程只需教师稍加努力就能将它们与基于自然的教学法相融合。这些课程通常会对物理学习环境、日常活动安排和师幼互动方式进行概述，正如我在本书中所阐述的那样。如果你正在幼儿园里运用某种课程，那么请仔细审视，并诚实地自问：这些元素能否在基于自然的教学中落实？例如，如果集体教学活动是课程要求的一部分，那么是否要规定活动的时长和内容呢？我猜对于活动的时长和内容确实有所说明，但并没有规定活动必须在室内进行。如果同样的活动在远足过程中开展会怎样呢？

总而言之，即使你已经有了现成的课程，也不要放弃基于自然的教学法。我已经知道好几所高质量的基于自然的幼儿园在忠实地实施其购买的成熟课程。我建议你对课程中的师幼角色进行批判性分析，确定它们是否与基于自然的哲学理念相契合。例如，有些课程可能与以儿童为中心、生成性的课程理念不太协调。你可以通过以下问题来评估你的教学法。

- 教室里教师说话多还是儿童说话多？在不同的学习空间中，这种情况是否有所不同？
- 教师如何与儿童互动，如何支持儿童的学习？
- 教师是否被视作儿童身边的共同学习者？
- 儿童在多大程度上拥有自主权和决策权？

## 下一步行动

你一旦发现了当前实践与理想实践之间的差距，就应该花时间将你的愿景写出来。重新审视你的园所使命和理念声明，诚实地反思它们是否真正体现了你的目标。如果不相符，那么你可以和教师及董事会成员一起修改。

在实践中进行调整时，重要的是将实施基于自然的教育方法这一目标付诸文字并展示出来。比如，如果你计划三年内将游戏区转变为自然游戏区，那么就应该让员工知晓这个决定。当然，一旦将目标写下来，你就需要付诸实践。只有真正地以这些使命、理念和目标为行动指南，才能把梦想变为现实。

### 常见问题解答

**1. 我真的需要一份书面的园所理念或教学法声明吗？**

严格来说，你不必将这些内容写下来。但不管是否将其书面化，它们都会影响你的实践方式。写下你的教学理念和方法有几个好处：它既可以帮助你澄清自己对幼儿教育的看法，也有助于团队内部统一思想。无论是对于新员工还是老员工，这份书面声明都非常有价值，它让你有机会可以说："哦，对，这就是我们这样做的原因。"书面声明还能向潜在和现有的家长介绍园所的运营方式和缘由。

**2. 我们如果已经有了一份园所理念声明，还需要针对基于自然的教育方法起草新的声明吗？**

这个问题的答案取决于你现有的理念声明与你的目标方向有多大差距。也就是说，如果你计划在实践中做出重大调整，现有的理念声明可能并不完全与你的目标相契合，那么你可能需要修改声明。如果你只是想在现有的理念声明下做出一些小的调整，那么就不需要重新审视现有的理念声明了。请记住，理念声明的目的是描述支持园所制度和日常实践的价值观。如果你将要背离你之前描述的价值观，那么就应该修改你的理念声明。

## 实践反思

1. 我在我的幼儿园里采用基于自然的教学法的目的是什么？我为什么想把这种基于自然的教学法整合到现有实践中？这种想法是否已经通过书面表达出来？
2. 如果自然是我们幼儿园核心宗旨的一部分，那么我们园所的使命宣言是否反映了这一点？
3. 我们是否有一份书面的教育理念声明，体现了本章讨论的所有理念？

第三章

# 教师团队

成功实施基于自然的教学法，依赖高素质的教师以及高水平的管理人员的有效支持。尽管这两个要素并非幼儿园取得成功的唯一必要条件，但缺少它们，成功几乎不可能实现。

基于自然的幼儿园的一个核心目标是教育儿童关爱自然世界，而一所成功的基于自然的幼儿园极其依赖教师。即使物理学习环境和一日常规非常适合运用基于自然的教学法，但如果教师不具备适宜的技能和态度，那么教学法也难以发挥效果。教师是让基于自然的教学法走进现实的关键角色。这意味着幼儿园需要招聘合适的人员，并为他们提供必要的专业发展机会。

无论哪种教学法都需要教师具备多样的知识和技能才能取得成功。特别是，基于自然的教学法需要教师满足这些条件：

- 拥有和儿童一起学习的态度，并在与儿童的互动中展现出这种态度；
- 掌握一般性内容知识，如阅读和数学，以及理解发展适宜性实践的重要性；
- 对所在地理环境中的自然世界有深入的了解。

以下内容将具体讨论这些知识和技能涉及的广泛类别。

## 对待基于自然的学习的态度

在一所成功的基于自然的幼儿园里,教师是最关键的因素,而对教师来说,最重要的是他对基于自然的教学法的态度。一名教师要想取得成功,必须真正理解并接受"整体哲学"(overall philosophy)①,并从个人态度和学习方法上支持这种哲学实践。

### 热情

首先,从整体哲学的角度来说,教师必须坚信自然本身就是强大而富有价值的教师,它对儿童的全面发展至关重要。他们还应该认识到儿童是有能力、有主见的个体,他们的想法值得被听取。因此,在基于自然的幼儿园中,教师必须相信,最好的课程基于儿童的经验和想法。最优秀的教师不仅深信基于自然的教学法,还对运用这种方法教育幼儿充满热情。

其次,在基于自然的幼儿园中,优秀的教师会在个人态度和学习方式上展现出支持整体哲学的特质。虽然相信自然世界的教育力量很重要,但教师拥有个人与自然世界的深厚联系是更为理想的情况。理想情况下,教师应该对自然世界有着认知、情感和精神上的联系,这种联系让他们每天都乐于待在户外。理想的教师是那种会说"哇,太酷了!那是什么?""啊,真美!"和"我喜欢待在外面"的人。那些不喜欢外出、怕弄脏衣服、怕湿、不喜欢冬天待在室外的教师可能并不适合这个职位。尽管如此,教师喜欢的户外活动类型可能有很大的差异,这实际上对团队是一种积极的影响;多样的经验

---

① 在这里,整体哲学指的是教育项目或教学法的基本理念和核心价值观。它涵盖了教育目的、教学法、对学习的看法,以及对教育对象(幼儿)的认识。在基于自然的教学法中,这种"整体哲学"可能强调与自然的互动对儿童发展的重要性,以及通过这种互动来培养儿童的认知、情感和社交技能。——译者注

可以丰富儿童的社交体验和学习机会。最重要的是，教师对户外环境必须充满热情。

最后，在基于自然的幼儿园中，教师不仅需要有对户外环境的热情，还要有向他人传递这种热情的渴望。我们希望，教师能够有效地与他人交流并介绍基于自然的教育方法对幼儿整体发展的好处。这种交流对于他们与家长的合作至关重要，同时在他们与其他幼儿教育专业人士的合作中也非常有用。优秀的教师能够清晰地解释幼儿园里正在发生的学习。

### 天气与适宜的装备

作为一名在户外开展教学的教师，积极面对各种天气条件非常重要。确实，有些日子可能是寒冷的或多雨的，但如果教师和儿童穿着适宜，他们就能在保暖的装备下感到温暖和愉悦。教师应根据天气条件恰当着装，这样才能将注意力集中在教学而不是个人的身体是否舒适上，并向儿童及家长展示什么样的着装是合适的。

你们可能会好奇："什么样的服装才是合适的？"显然，这取决于具体的天气和气候条件。通常来说，如果服装能保持人体皮肤表面的干燥、有助于维持适宜的体温、防止皮肤受到阳光的伤害并且隔风，那么这样的服装就是合适的。合适的服装是可以被弄脏的，并且能够为人体提供足够的活动自由度，方便人做出跑跳、弯腰等动作。合适的鞋子应当保持双脚的舒适与干爽，如果你需要在不平整的地面上行走，那么它还应当能够保护你的脚踝。具体选择何种鞋子（如轻便的徒步鞋、保暖的冬季靴子或运动鞋等）取决于活动地点的气温和地形。

### 个人的恐惧

那些喜欢在户外和自然环境中度过时光的教师，并不一定对自然界的所有事物都充满喜爱。事实上，几乎没有人对自然完全没有恐惧或厌恶的感受。比如，一些人可能害怕蛇，而另一些人可能不太喜欢小型啮齿类动物（如老鼠）。每个人都有自己的恐惧，对于一名实施基于自然的教学法的教师来说，关键在于他如何应对户外恐惧的瞬间。

恐惧是我们对可能伤害我们的事物做出的情感反应。危险是可能对我们造成真实伤害的事物或行为，风险则是这种危险真正伤害到我们的可能性。大多数时候，即使存在危险或风险，我们的恐惧感与实际的危险或风险相比也是极度夸大的。在与儿童一起进行户外活动时，理想的教师能够识别并控制自己的非理性恐惧。合适的处理方式可能包括保持静默、召唤同事或者离开，而不是尖叫、惊呼或跳来跳去。接纳我们的情绪非常重要，但必须以冷静、合理、理智的方式做到这一点。

为什么我要特别强调如何应对恐惧呢？理由很简单。基于自然的教学法旨在支持儿童与自然世界建立联系，我们不希望将成人的非理性恐惧传递给儿童，他们有权决定自己喜欢和不喜欢什么。如果我们将自己的恐惧强加给他们，那么我们就可能剥夺他们探索自然世界里奇妙元素的机会。举例来说，蛇其实是非常神奇的生物，不同种类的蛇有着不同的特性。任何了解我的人都知道我特别喜欢美丽的黑鼠蛇——一种温驯、友好、漂亮的蛇。如果我在小时候看到成人因为蛇而尖叫或慌乱，那么我可能永远不会发现自己对这种蛇的喜爱。幸运的是，我在小时候遇到的是那些能够欣赏蛇的奇妙和美丽，并知道如何安全地对待蛇的成人。

## 师幼互动

虽然对基于自然的教学法持有整体的观点是成为一名成功的教师的基础，但这并不是全部。优秀的教师展现出提出开放式问题、引发和延伸儿童的想法、关注儿童的身体和情感需求、帮助儿童解决冲突以及向儿童提供直接而有意义的反馈等能力。师幼互动涉及的内容非常多，多到无法在此一一讨论。出于本书的出版目的，我们重点关注对实施基于自然的教学法至关重要的师幼互动。

基于自然的教学法所蕴含的核心观点是，儿童是有能力的个体；这一观点与认为儿童完全依赖成人照顾的看法非常不同。这种观点可以在教学实践中以多种方式体现出来，包括强调游戏和探索而非说教式教学、作为儿童游戏和探索活动的积极参与者、在课程规划和决策中倾听儿童的声音，以及持有积极的态度。

### 重视游戏

将儿童视为有能力的个体意味着重视儿童在学习过程中的经验和想法，这就是为什么支持游戏和探索能够体现出我们对幼儿能力的信任。在游戏时，幼儿会对周围世界进行意义建构。作为成人，我们的角色是支持这一意义建构过程，而不是把所有时间花在通过直接教学告诉儿童答案上面。这并不是说我们从不告诉儿童我们所了解的事情，而是我们会小心翼翼地只在儿童准备好理解和运用那些信息时才告诉他们。

### 参与游戏

教师支持儿童游戏和探索的一种方式是成为积极的参与者。一位优秀的实施基于自然的教学法的教师对生活和学习充满热情，他的行为和语言传达了他对学习和发现世界奇迹的渴望。他会真诚地使用"我想知道""我们来发现"和"你怎么看？"等短语，并且承认成人并不知道一切、成人也有学习的愿望。此外，教师可以通过向儿童提出问题并把思考过程大声说出来来示范如何探究。鼓励儿童进行实验和发现是一种展示学习和理解世界的愿望的方式。成人与幼儿的一种常见交流模式是成人先问"你认为如果……会发生什么？"，然后说"我们试试看！"。这种交流模式可以支持和鼓励儿童进行实验。

作为游戏中的积极参与者，教师可以与儿童共同建构知识，同时示范积极的学习方法。通过教师的示范，儿童将看到学习是有趣的、有意义的，是一个持续终生的过程——我们是成人，但这并不意味着我们知道一切。

### 在计划课程时倾听儿童

教师展示对儿童能力信任的另一种方式是，在计划课程和制定课程决策时倾听儿童的声音。有时人们会说"在计划课程时给予儿童声音"，但我想在这里澄清一点：儿童本身就有声音。他们对世界有自己的思考和见解。作为优秀的实施基于自然的教学法的教师，我们的任务是让儿童有机会让自己的声音被听见。我们的工作是倾听儿童并做出回应。优秀的教师每天都在做这项工作。

### 积极的态度

在基于自然的幼儿园中，教师通过持有积极的态度来展现对儿童能力的信任。很多时候，对于儿童提出的要做某事的请求，成人的第一反应是说"不"。这种反应背后的动机通常是不便或为了儿童的安全。想象一下，一个儿童想要拿出颜料来画一幅壁画，而教师说"不"，那么教师回应的动机是什么？很可能是："拜托，别拿颜料——我不想去清理。"当然，有时候说"可以"可能不合适，比如儿童在点心时间前5分钟想要拿出颜料。但大多数时候，"可以"都是适当的回应。事实是，学前儿童会制造混乱，这是童年乐趣的一部分。然而，大多数孩子在家中没有制造大型混乱的机会。因此，优秀的教师必须支持甚至鼓励儿童在其照顾下体验这种乐趣。教师要对儿童说"可以"，允许儿童制造混乱，并在这一过程中享受快乐、发现和学习。

我知道有人会说："儿童有时候需要听到'不'这个词。"绝对正确！有时候为了儿童的安全，教师说"不"是必要的——特别是当危险迫在眉睫，需要立即阻止儿童的某种行为时。然而，在许多安全的情况下，暂停行动，然后与儿童讨论安全问题，比立刻说"不"更合适。比如，在基于自然的幼儿园中，围绕儿童穿衣的问题进行日常管理很重要。我听到刚开始采取基于自然的教学法的教师抱怨说，有些儿童在准备外出时不想穿外套。这是一个值得教师深思的时刻："我的回应只能是'不，你现在没有这个选项'吗？"除非室外极端寒冷或儿童身体受限，否则为什么不让儿童自己做决定呢？明智的教师可能会与儿童讨论室外温度，并知道儿童可能会改变想法，然后仅仅建议他们"带上外套，以防万一"。这既尊重了儿童对自己身体的决策能力，也有助于教导他们懂得为什么我们在外面穿不同的衣服。感受到寒冷，意识到温暖更舒适，然后认识到我们可以通过调整衣物使自己舒适，这是完全正常的。实际上，这正是基于自然的教育的力量——即刻的因果关系，让儿童充分感受到自己"活着"，然后照顾自己的需求。为了避免造成大家的误解，请让我在这里澄清一下：我不是建议成人忽视儿童的安全需求，而是建议我们支持儿童成为自身安全的代理人和决策者。

我绝不是建议完全禁用"不"这个词。实际上，我相信这是一个强有力的词，儿童需要听到它并通过它来保护自己和他人的安全。然而，如果我们要保持"不"这个词的力量，我们就必须谨慎地使用它，即只在我们真的这么想时才使用它而不是仅仅因为懒惰或感到不便。真正重视幼儿及其能力的教师会在回应儿童的需求前暂停片刻来反思，他们会问自己："这真的可能带来令人担心的后果，还是我只是为了自己的方便和舒适而决定拒绝儿童的请求？"

## 生态知识和户外技能

任何类型的知识，无论是读写、科学还是数学知识，都是高质量教学的核心。在基于自然的幼儿园中，教学内容还额外涉及与当地自然世界相关的事实。承认自己不可能完全了解所在地区的自然世界不仅没关系，而且是必要的。但了解一些基本内容并不断增加这方面的知识，将极大地提高你的教学质量。了解当地的自然环境有助于你为儿童选择材料,丰富与儿童的探究式对话,并实现灵活调整。此外,掌握基本的户外技能的教师能够为所有人带来更积极的体验。教师了解自然世界将有助于保护植物和动物免受儿童的伤害,反之亦然,这就引出了一个事实:实施基于自然的教学法的教师必须具备与户外固有的危险和风险相关的知识与技能。他们不仅需要能够区分危险、风险和恐惧,还需要知道如何在关键时刻采取行动,为儿童提供安全且富有意义的学习机会。

## 关于当地的自然历史基础知识

首先,教师应该通过长时间观察并研究生物掌握有关当地的自然历史基础知识,包括给生物命名。安·佩洛(Ann Pelo)在她的书《雨之美》(*The Goodness of Rain*)中提出:"地球并不是一个没有名字的地方……不知道名字是人与自然亲密接触的障碍:一只鸟就是一只鸟,而不是特指这只悬崖麻雀或那只岩燕。当我们不知道看到的是什么、听到的是谁的声音、走在哪里时,我们其实并不真正知道自己处于何处。名字是与自然建立联系的关键。"

给生物命名不仅使我们在认知上,更使我们在社会情感上接近自然世界。一位热情的、实施基于自然的教学法的教师会了解哪些生物是常见或稀有的,它们通常在哪里出现,它们的典型行为是什么,以及它们如何与其他生物相互影响。这部分自然历史知识也包括物候学,即研究你所在地区与气候、植物、动物等相关的季节性现象。对个别生物及季节性现象的了解为你的教学工具箱增添了一种工具,让生成课程和"可教育的时刻"(teachable moment)可以产生最大的教育效果。例如,在美国北部,许多幼儿园会在春季进行关于蝴蝶的主题课程。然而,在春季活动的蝴蝶数量比秋季少得多。因此,我看到几所幼儿园把蝴蝶主题课程移到秋季。这样,儿童就有更多的机会近距离观察多个蝴蝶物种。

了解当地的自然历史将帮助你支持儿童的观察,并帮助他们将一学年内的不同体验联系起来。例如，了解当地的鸟类和树木种类的名称，可以帮助儿童在所观察的这些生物之间建立联系。哪些鸟类栖息在哪些树上，它们为什么偏爱这些树而不是其他的树？

教师个人对自然世界的了解同样可以促进儿童的语言发展。教师了解并运用真实、科学的词语能够帮助儿童扩充词汇量。一个典型的例子是理解"有毒"与"有毒性"的差异。"有毒"描述的是当人摄入或饮用某物时可能导致疾病或死亡，它是某一物质具有的特点，例如某些植物可能是有毒的。"有毒性"则指的是某种生物能够分泌或传递能够导致疾病或死亡的毒素，例如黑寡妇蜘蛛就是有毒性的。这样的新词语，像所有词语一样，需要儿童在语境中使用，便于儿童理解其含义。如果你熟悉这些词语，你就更可能帮助儿童正确地使用它们，从而支持儿童的语言和读写技能的发展。

我想就拥有强大的自然历史知识这一条提出一点警告。拥有丰富的自然知识可能会激发教师想要迅速与儿童分享这些知识的冲动。教师必须避免这种做法。你想支持儿童对自然的学习，但更重要的是应支持儿童与自然一起学习。有时候，适当地命名一种生物或提供关于它的信息是可以的。然而，关键是确保儿童准备好并愿意接受你直接传达给他们的这些信息。例如，当儿童直接询问"那是什么鸟？"时，我通常会直接回答，并分享我如何通过观察得知答案的过程。"哦，那是一只小啄木鸟！我通过它的黑白斑点判断，而且它比我们这里见到的其他啄木鸟要小。"如果儿童正在观察鸟但没有提问，那么我可能采取其他几种不同的方法。一种方法是，我可能会在一个敬畏的时刻轻声对儿童说："看，那只小啄木鸟在树上跳来跳去。"另一种方法是，鼓励儿童仔细观察这只鸟并将它和其他物种区分开，然后给它命名。当然，这个方法不仅仅适用于自然历史教学。在所有教学领域，教师都需要决定如何调动并扩展儿童的知识。

此时，你可能对需要学习的所有内容感到有些不知所措，这很正常。当我建议教师学习他们所在地区的自然历史基础知识时，他们因为需要了解的内容繁多而感到有些恐慌。确实，关于自然世界的知识，一个人可能一生都学不完。然而，学习足够多的内容来支持儿童进行有意义的学习是可以做到的。你也可以积极地努力，不断扩充你现有的知识。与此同时，当儿童提出一个你无法回答的问题时，一个简单的回应是："我不知道。"如果你完全接受了"教师是儿童身边的共同学习者"的观念，那么完整的回应将是："我不知道，让我们一起寻找答案吧！你认为我们应该怎样找出答案呢？"接着，你可以查阅资料书或进行简短的在线搜索。通过承认你不知道答案并表达你愿意去发现答案，你将自己定位为一个儿童身边的共同学习者，而不是一个全知全能的成人。这种回应展现了教师对终身学习的热爱，并培养了儿童搜集和评估信息的能力。它也保持了你对发现奇迹的好奇心和热情。

### 理解风险和危险

自然历史知识的另一部分是能够正确区分户外真正的危险、风险与个人的恐惧。我之前强调过，我们不应将自己的恐惧传递给儿童，这需要我们能够明确判断什么是真正的危险。例如，有一个在青少年尤其是男孩中流传的传奇故事，故事里长脚大肚蛛被认为是世界上毒性最强的蜘蛛，但它因嘴部太小，不能咬人。这条信息实际上是不正确的，因为这种蜘蛛并不拥有毒腺。知道这一事实可以帮助教师避免产生不必要的恐慌。这类关于自然界的传奇故事相当普遍，因此，教师掌握真实的信息非常有必要。

自然界确实存在对我们有害的事物，认识到这一点非常重要。在我居住的密歇根州北部，真正需要留心的危险物其实很少。在我们州，有一种毒蛇——东部小响尾蛇，非常胆怯，而且通常只在沼泽地里出现。如果我计划带儿童前往这种蛇可能出没的区域，那么我就会提前进行一次利益－风险评估，并据此调整我们的行动。然而，在美国的南部和西部或世界的其他地方，人们对毒蛇和其他危险生物的担忧更加严重，这不仅需要教师做出利益－风险评估，还需要他们就进入这些生物栖息地的事项制定明确的规定。

我之所以分享这些细节，并不是专门针对蛇——毕竟我个人非常喜欢蛇——而是想强调，对于自然教育者而言，了解关于当地自然历史的具体事实至关重要。这类知识既可以用来丰富课程内容，也有助于优化师幼互动，还可以确保儿童在户外的安全。我们可能仍会有情绪反应，但了解事实能够帮助我们快速地回到现实中。我们的目标是帮助儿童远离环境教育中的"生物恐惧症"（biophobia）——对自然的恐惧。从根本上讲，基于自然的教育方法的理念和宗旨是满足儿童与生俱来的需要，即与自然世界的连接或"亲生命性"（biophilia）。

> **一所基于自然的幼儿园：应对预料之外的危险**
>
> 朱莉老师和三个孩子在池塘周围探索，他们向正在晒太阳的鳄龟旁边的木头走近。朱莉注意到了一丝微小的动静。她朝那边望去，发现在木头另一侧的草地上躺着一条铜头蛇①。
>
> 朱莉平静地说道："请大家站住。"因为孩子们之前针对这种情况进行过模拟训练，所以他们立刻停下并望向朱莉老师。"慢慢地，要像小老鼠那样安静，跟我一起离开这块木头。"
>
> 朱莉和孩子们安全地离开铜头蛇一定距离后，她向孩子们指出了那条蛇，并和他们讨论这是一种什么蛇。他们观察并讨论了它的颜色，以及它在落叶、树枝和草丛中是如何隐蔽自己的。他们还谈到了不干扰野生动物的重要性。接着他们转向岸边的另一个区域。朱莉在后来碰到同事时，将铜头蛇的事情告诉了同事，他们决定让孩子们远离那个区域以确保安全。

---

① 铜头蛇（agkistrodon contortrix），也称为铜斑蛇，是北美洲常见的一种毒蛇。它们属于蝰蛇科，体长通常在60～90厘米。铜头蛇的显著特征是其头部呈铜色，身上有着深棕色或红棕色的横带。这种蛇主要分布在美国东部和中部地区的森林、湿地和农田等多种环境里。铜头蛇是一种生性较为温和的蛇类，除非受到直接威胁或挑衅，一般不会主动攻击人类。它们的毒液虽有毒性，但对人类来说通常不致命。不过，人在被铜头蛇咬伤后仍然需要立即就医，以免引发更复杂的健康问题。——译者注

## 风险管理

风险管理对所有基于自然的幼儿园而言都至关重要。在风险管理过程中,教师扮演着至关重要的角色。为了有效地管理风险,园所管理者必须制定明确的制度与规程,并由教师来实施这些制度与规程。同时,教师还将与儿童专门针对风险管理进行师幼互动。关于风险管理的更多细节,我们将在下一章进行深入讨论。

## 掌握收集和处理生物标本的规则

掌握收集和处理生物标本的规则是了解当地自然历史的另一重要方面。美国联邦政府制定了有关保护迁徙物种和濒危物种的法案,并对其中列出的物种提供保护。此外,美国每个州都有针对其辖区内植物和动物的具体规定,包括收集和处理活体动物的规则。了解你所在地区的相关规定至关重要。

- 你所在的幼儿园户外场地上是否存在不应被儿童打扰的受保护物种?
- 关于收集生物的规定有哪些?
- 生物样本可以保留多长时间?
- 有哪些关于收集或处理死去的动物或动物部位(如羽毛、骨骼、牙齿等)的规定?

虽然受保护的物种看起来非常吸引人,但我们必须确保它们不被干扰。比如,在美国东南海岸,玳瑁海龟会上岸筑巢产卵。人们会远道而来,观看雌性海龟在沙滩上挖洞产卵,随后观察小海龟被孵化以及破壳后向大海进发。了解到这一点后,野生动物管理人员会对海龟的活动区域进行隔离。人们可以近距离地观察海龟,但绝不能干扰海龟或它的巢穴。你所在的地区是否也存在类似特别需要保护的生物物种?

在很多地方，春季野花绽放的景观令人赞叹不已。将几朵野花带回教室似乎是个不错的主意；然而，这样做可能会产生一些问题。它可能会对单棵植物造成伤害，对稀有物种的群体造成损害，或者扩散非本土或入侵物种的种子。通常，最好采摘非本土且不具有极强的侵略性的植物，这意味着它们不会排挤本土物种。例如，采摘蒲公英是一项合适的选择，因为它们非常普遍，即使非本土，也不会对本地的生态系统构成重大威胁。因此，我通常不建议教师采摘其他类型的植物。

一般来说，大部分州允许你拥有被认为是猎物的动物，如鹿、鸭或某些鱼类。我可以肯定地说，没有特殊许可，居民是不被允许持有猛禽的。你需要联系你所在地方的管理部门来确定哪些行为是被允许的、哪些是不被允许的。

你所在地方的自然资源部门（有时也称为"环境保护部门"），可以为你提供指导。记住，这些机构很可能支持你的教育目标——毕竟，它们也希望儿童能体验户外的环境。当然，它们有保护自然资源的职责，但它们并非你的敌人。它们希望与你合作，并期望你与它们合作。主动联系它们可能会促成非常棒的合作伙伴关系——你永远不知道会发生什么！

总而言之，了解你所在地区关于植物、动物标本收集和处理的规则，并向儿童及其家庭明确阐述这些规则，是基于自然的教育方法中展示环境责任感的又一种方式。

## 掌握户外技能

同样至关重要的是，实施基于自然的教学法的教育工作者需要掌握强大的户外技能，包括：急救、生火、绑结、雕刻、识图、对待动物、编织篮子、追踪动物等。这些技能不仅与安全、生存、艺术和手工艺及自然历史有关，而且能够丰富儿童和成人的体验。例如，在确定法律允许的情况下，知道如何安全地对待动物以保护儿童和动物就很重要。不同的生物需要不同的

对待方式。例如，两栖动物对化妆品和驱虫剂极为敏感，它们的皮肤需要一直保持湿润以助其呼吸。因此，教师在接触青蛙、蝾螈等两栖动物前，应洗去手上所有人造化学物质，并湿润双手。

虽然无论你处在哪个地理位置，你都需要掌握许多户外技能，但你也需要根据环境和与该环境相关的典型活动而使用不同的技能。比如，在降雪量大的地区，越野滑雪或使用雪鞋（包括对这些活动风险的评估）的相关技能可能更适宜。而在海滩地区工作

的教育者，则需要深入了解潮流和海洋流动等与水相关的安全知识。不管你处于哪个地区，户外技能都是教师知识和能力清单中的一个重要组成部分。具备扎实的相关知识的成人将能够安全有效地支持和促进儿童的学习。

## 行政支持是启动的关键

一所卓越的基于自然的幼儿园依托优秀的教师，而优秀的教师需要得到行政管理者的支持和有效管理。管理者需要挑选合适的教师，明确制度与规程，并提供落实这些制度与规程所需的资源。

如我所言，教师是任何基于自然的教育成功与否的决定性因素。因此，对管理者而言，识别适合此职位的人选至关重要。我之前已经列出了教师需要具备的一些特质，它们可以作为招聘教师时的基础条件。然而，大多数希望实行基于自然的教学法的园所并不是在寻找新员工，而是希望内部员工向这种方法转型。这意味着管理者需要识别和挑选那些愿意真正尝试新方法并尽力取得成功的现有员工。最合适的人选是那些符合本章前面所描述的特质的人，尤其是对这种方法充满热情的人。强制教师采用基于自然的教育方法是走向失败的"捷径"。当选择一个不喜欢寒冷、泥泞和"小虫"的教师实施基于自然的教学法时，这种教学法注定不会成功。他可能会尽量减少户外活动时间，降低对这种教育方法的忠诚度。不喜欢自然的教师也可能将工作中产生的负面情绪传达给儿童。然而，一个对此方法充满热情的教师将每天努力实践真正符合基于自然的教学法的策略，始终渴望超越昨天的表现。一旦找到合适的教师，让他们明确知道必须遵守的理念、制度与规程就显得非常重要。你的园所理念会为制度与规程的制定提供指导。

制度与规程不仅应涵盖所有传统的幼儿园常规，如接送规定、疾病处理制度、食品管理制度等，还应包括在你所在地区实施基于自然的教育方法时需要遵循的特殊要求，涉及应对天气紧急状况、外出探险以及如树枝游戏和爬树等高风险活动的安全措施。确保所有员工充分了解这些制度与规程至关重要。第四章将更深入地探讨如何制定制度与规程。

教师不仅应随时可在制度与规程手册中查找相关信息，还应通过正式与非正式的方式定期在团队中讨论它们。园所应定期举行正式的制度与规程复审会议，以提醒员工遵守规定，并重新评估现行制度与规程是否依然适宜。关于制度与规程的持续、非正式讨论能够为这些正式复审会议带来一定的启发。这些讨论涉及的内容非常多样，从"我们需要记录儿童在玩木头时被刺伤"到"我发现儿童经常在那个台阶上绊倒，我们是否应该考虑用斜坡把台阶替换掉以避免这种情况？"等。教师最了解一线的实际情况，他们对问题的细节有着行政管理者所不能完全理解的见解。

在与员工沟通完制度与规程后，行政管理者迈向成功的下一步就是提供必要的资源［包括安全资源，如急救包、野外紧急通信设备（如手机和对讲机）、为成人和孩子提供的适宜服装等］以支持这些制度与规程的落实。除基本的安全资源外，行政管理者还需要供应教学所需的物资和设备，如教师在室内外教学中所需的材料、便于制订计划的电脑、和家长沟通时使用的通信工具以及用以记录儿童学习过程的摄像机等。

最后，教师需要拥有持续的专业学习机会。这些学习机会应该涉及与教学法相关的主题内容、认知领域的内容（包括有关儿童发展的知识、与自然世界和户外技能相关的知识），以及基于自然的教育方法。

## NBP 案例
### 道奇自然幼儿园

地点：明尼苏达州圣保罗市西部

道奇自然幼儿园面向 3—5 岁的儿童，提供为期半天的混龄班。这些混龄班的师幼比为 3:18，课时为 2 小时 45 分钟，每周提供 2 个、

3个或5个半天。该园位于明尼苏达州圣保罗市西部的一个面积为45万平方米的自然保护区内。专为该幼儿园建造的建筑包括三间教室,均直接通向室外。该幼儿园通过了美国幼儿教育协会的认证。

道奇自然幼儿园为教师提供了各种专业发展机会,包括为期一天的学习会议、外出演讲、访问其他幼儿园并观察其实际运营等,也为学前教育专业的学生提供了实习机会。此外,在教育工作之余,道奇自然幼儿园的工作人员还撰写并出版了《一所基于自然的幼儿园里的四季》(*Four Seasons at a Nature-Based Preschool*),这本著作值得一读!

## 常见问题解答

1. 我园教师接受的幼儿教育培训内容(比如来自大学或其他政府授权机构的培训,或者关于特定课程的实施方面的培训)能否应用于基于自然的幼儿园?

当然可以！基于自然的教学法的核心，无疑是优秀的幼儿教育原则。以与幼儿一起学习为主题的相关教师培训可以应用于基于自然的教育实践，实际上它必不可少。在对当地自然历史的了解、认识所在地区的风险与危险、掌握一般的户外技能以及其他基于自然的教育独有的知识和技能方面，教师还可能需要额外的培训。

### 2. 我如何为我的员工寻找培训和支持？

随着基于自然的早期教育的兴起，越来越多的组织成立，以便支持采用这种方法的教师。一些专业协会（如自然开端联盟、北伊利诺伊州基于自然的幼儿园协会和国际自然教学法协会等）就基于自然的教育为教师提供了出版物、工作坊和会议信息。

### 实践反思

1. 我园的教师已具备哪些适用于基于自然的幼儿园的知识和技能？
2. 我将如何帮助教师弥补知识和技能上的不足？

第四章

# 管理和运营

本章的目的在于提供一个视角来审视安全问题以及运营方面的挑战,并介绍如何制定相应的制度与规程来应对这些问题。在本书后续部分,我还将针对有关特定的物理学习环境的安全问题进行讨论。

## 概览:基于自然的幼儿园必备的特殊制度与规程

虽然许多地方政府并没有具体规定基于自然的幼儿园需要制定哪些制度,但此类幼儿园需要特别注意以下几个方面。

- 清洁与维护设备
- 适宜的师幼比
- 风险管理措施
- 员工培训的频次与类型
- 遵守政府规定以及确保基于自然的幼儿园独特的环境合法合规
- 健康与安全问题

上述部分内容需要园所管理者认真思考和计划,因此本章将为管理者提供指导。

## 法规与许可证

一般而言，基于自然的幼儿园需要遵循地方政府的许可要求。我了解到在某些地方，幼儿园可以在未获得许可的情况下运营。一些地方政府不会对没有实体设施或运营时间低于特定小时数的园所颁发许可证。例如，就像之前提到的，森林幼儿园通常可以在不需要许可证的情况下运营。即使一所幼儿园不需要获得许可证，它也应该遵守地方政府针对幼儿园制定的相关规定。毕竟，颁发许可证的目的是确保幼儿园在安全、课程和教学方面达到最低标准——我们都认为这至关重要。因此，在基于自然的幼儿园中，这些规定仍然很重要。如果你正在运营一所幼儿园，那么你可能已经相当熟悉这些规定了。你不太熟悉的可能是那些与基于自然的幼儿园的具体实践相关的规定。你需要复查许可规定，以便在对待植物和动物、开发自然游戏场、园外徒步以及你所在地区幼儿的学习和发展标准方面获得相关指导。

即使在复查了许可规定之后，你也可能仍旧对政府的相关要求不确定。这时候，与你的许可证颁发机构进行沟通非常重要。记住，我们的共同目标是确保儿童的安全。与许可证颁发机构合作将确保你遵守既定规则，或在缺少规则的情况下有意识地制定制度与规程。在大多数地方，实施基于自然的教育方法是新颖的，因此，在你们共同制定保障儿童安全的规程时，请对有关机构保持耐心。

因为每个地方各不相同，所以提供关于什么是被允许的或不被允许的，或必须采取哪些安全措施的普遍建议是不可能的。然而，最重要的是，你必须遵守你所在地区的规定。它们为你的制度与规程的创建和实施提供了基础。

### 制定制度和规程

通常情况下,在基于自然的幼儿园中,教师会清除环境中的危险因素,同时以符合儿童发展水平的方式,支持并鼓励儿童进行有益的冒险游戏。

园所管理者应制定幼儿园的制度和规程,以便向所有教师清楚地传达在特定的环境中什么被视为危险,以及如何移除这些危险。为了制定这些制度和规程,你应对幼儿将会遇到的活动和场景进行彻底的利益–风险评估。正如冒险游戏研究人员戴维·鲍尔(David Ball)、蒂姆·吉尔(Tim Gill)和伯纳德·斯皮格尔(Bernard Spiegal)在他们的"利益–风险评估表"中所解释的,利益–风险评估是对进行某项活动的原因(利益)、从事该活动可能造成的伤害(危险和风险)以及我们可以采取的减轻这种伤害的步骤的分析。这些制度与规程将根据具体情况(气候、地理位置和场地状况、与医疗护理机构的距离等)而有所不同。因此,我不会详尽地讨论每种情况,但你必须制定安全制度和规程,以应对基于自然的教育中的独特活动。我最近加入了一个专家小组,旨在为基于自然的幼儿园制定最佳实践方案,包括与安全协议相关的建议。我强烈建议你在为你的幼儿园制定基于自然体验的制度和规程时参考与自然相关的组织发布的文件。

这些制度和规程应该涵盖多种主题,包括那些在幼儿园环境中通常必须考虑的主题。下面我特别强调了与基于自然的教学法相关的主题。请注意,这并非一个详尽的清单,而且每项制度和规程都必须根据你们园所特定的环境和情况进行调整。

### 健康与安全问题

在与幼儿互动时,安全始终是一个值得关注的问题。采用基于自然的教学法会给儿童的安全带来一些独特的挑战，当地政府颁布的幼儿园许可规定可能对这些挑战有明确的阐述，也可能没有。这就对自然教育者提出了更高的要求，他们必须对安全和运营问题保持高度警觉，包括教师具备区分危险、风险和恐惧的能力，以及通过全园的制度与规程来确保儿童的安全。

## 风险管理

很多时候，尤其是当儿童处于自然环境中时，他们可能会遇到一些对他们造成伤害的事物。为了确保园内的儿童能够拥有安全、愉快的体验，教师学会将儿童的学习机会最大化的同时将危险事物最少化至关重要。这种平衡行为被称为"风险管理"。在深入探讨这个概念之前，我们需要先定义一些术语。

- 危险：可能对儿童的健康造成损害或不利影响的事物。在自然游戏环境中，任何儿童看不到或无法控制的危险元素（如毒藤或悬挂的枯树枝）都需要被移除或改造。

- 风险：当暴露于某种特定危险中时，儿童受伤的概率或可能性。在基于自然的环境中，教师可以通过消除儿童无法控制的危险、提出规定（如穿戴安全装备）来减少儿童受伤的可能性、教儿童自我评估和减轻风险，以及让儿童在进行评估后自行决定是否参与或接近风险等，减少高风险的情况。

- 恐惧：因认为某人或某物是危险的而产生的不愉快的情绪。恐惧是合理的，应当得到允许。然而，在很多情况（比如那些几乎没有伤害和危险发生的情形）下，恐惧是不理性的。在基于自然的环境中，我们应耐心而友好地接纳恐惧，同时帮助儿童减少那些不理性的恐惧。

在考虑这些术语的区别时，重要的是记住我们的目标：为儿童提供有意义的机会，让他们在安全的情况下通过探索来学习。虽然承担一定的风险可以带来巨大的益处（我会在后续的章节中进一步探讨这一点），但是随意地冒险可能会对儿童造成伤害。园所管理者有意识地围绕危险和风险情况制定周密的制度，可以为儿童创建一个安全的环境；在这个环境中，儿童可以在身体、社会情感能力和认知发展的过程中进行有益的冒险。

教育儿童如何评估风险和安全，是基于自然的教学法的核心。很多基于自然的幼儿园还会教授儿童掌握生火、削木头等户外技能。这些风险较高的活动对于儿童的发展非常有价值，需要管理者制定清晰的规程来确保儿童不仅是安全的，而且要学习保护自身安全的办法，以供将来使用。明确园内哪些冒险行为是被允许或禁止的，以及如何向教师、家长和儿童传达这些规则非常重要。例如，是否允许儿童爬树？关于这样的活动有哪些具体规定？儿童能否在没有教师帮助的情况下自行爬上爬下？

尽管幼儿园可能会组织许多高风险活动，但以下是一些应该有明确的书面规定的常见活动：

- 与水相关的活动
- 爬树
- 生火
- 烹饪——使用火或露营用的燃气炉
- 使用工具——锯子、锤子、小刀等
- 玩棍子
- 觅食

关于这些活动的规定应包括所需的设备信息、教师的行为规范，以及活动前、中、后儿童的行为要求。当然，这些规定应基于儿童的年龄、参与活动的教师数量和活动场地的具体情况（如气候、与急救中心的距离等）来制定。

## 适宜的装束

基于自然的教学法旨在为儿童提供积极的户外体验。确保儿童在户外拥有积极的体验的一个关键因素是舒适的衣着。你的园所制度应该明确指出在不同的天气状况下对儿童衣着的期望，以及对教师和工作人员衣着的期望。在炎热的天气中，过多的衣物会导致儿童过热和不适。在寒冷的天气中穿得太少也会造成身体不适。在你的幼儿园里对具体衣物的要求将根据你所在地的气候和一年中的时间变化而有所不同。然而，选择衣物的基本原则是帮助身体始终保持正常的温度。

虽然家庭通常会提供衣物，但是在基于自然的幼儿园里，因为衣物非常重要，所以你们不应该仅仅依赖家长提供的装备。每个采用基于自然的教学法的园所都应该额外备有各种类型和大小的衣物。园所需要为确保儿童有适当的衣物划拨资金，为存储这些衣物划拨空间，并建立管理这些衣物的规程。因为儿童可能随时需要额外的装备（如当自己的衣物湿了时），所以许多幼儿园发现在公共区域设置一个便于儿童、家长和教师轻松使用的衣物储藏空间非常有用。用于挂雨具、外套和裤子的挂钩也很有用，用于放手套和帽子的篮子同样重要。根据你的园所规模和你所拥有的额外装备的数量，你可能选择按照季节轮换公共装备，并将不需要的衣物存放在其他地方，直到再次需要为止。

## 班级管理

在任何环境下，班级管理都属于一项挑战。当儿童走出园内自然游戏区体验园外的环境时，班级管理尤为重要。制度与规程文件应通过规定适当的师幼比来解决这个问题，而这一比例仅适用于你独特的园所。例如，活动中应该至少有多少成人在场？随着儿童数量或活动的变化，这个数字如何变化？如果活动场地处于一个较为偏远的地区或活动带有更高风险，那么你会希望有更多的成人监督儿童活动。

此外，教师应该有明确的制度与规程来管理班级——无论儿童是在教室内、自然游戏区还是在远足小径上。我知道许多园所采用动物叫声来集合儿童，而不是大喊或吹哨。许多园所还有这样的规定：在远足时，必须有两名教师分别走在队伍的前面和后面。当游戏空间没有围栏时，你将如何为儿童设定游戏边界？你可以带着一辆手推车到园外，它不仅是搬运设备的工具，还可以被指定为小组成员集合点或边界的标记。此外，不要忘记在制度中增加关于点名的细节，例如，是否应该在某些活动间隙或特定时间重复点名？显然，离开某个区域前应该给儿童点名，但如果你们沿着一条视线被遮挡的弯曲的小径行进，多次点名将是明智的选择。特别是当儿童开始从自然游戏区走向园外探索时，班级管理将是你的制度和规程的关键组成部分。

### 清洁与卫生

基于自然的幼儿园带给儿童的乐趣和奇妙之处在于弄脏双手，并用双手探索自然世界中各种有趣的事物。这也意味着园所必须有清晰的清洁和卫生规程。管理者应制定与卫生相关的制度，明确何时适宜触摸自然材料、在园外如厕的步骤以及在花园中就餐、洗手时的注意事项等。再次强调，你所在地颁发的幼儿园许可规定可能不会就这些主题提供具体指导，但你可以将这些规定作为起点，然后与你的许可证颁发机构合作，确定适当的规程。例如，洗手是任何幼儿园都会制定的基本常规，在基于自然的幼儿园中尤其重要。当然，儿童在饭前和吃点心前必须洗手，触摸活的或死的动物后也应该洗手。树枝是儿童探究死去的动物和动物粪便的绝佳工具，使用它们有助于减少细菌和病毒的传播，儿童在探究结束后仍应洗手。通常去园外远足时儿童无法获得流动的水，因此，请在你的远足包中备上洗手液，并且洗手液的容量应满足团队成员在到达洗手站前的需求。你的书面制度中应描述如何洗手、何时进行、应在何处进行等。

在园外如厕是许多采用基于自然的教学法的教师经常关心的问题。在大多数基于自然的幼儿园里，在小径上的如厕行为仅限于紧急情况。为了避免这种情况发生，成人会鼓励儿童在出发前如厕、避免活动地点太远离建筑物或者在小径上的卫生设施处停下。再次强调，你的制度应反映你的园所情况。

当然，即使采取了最佳的预防措施，在园外紧急如厕的情况仍然会发生，特别是对于幼儿来说。那么，你应该如何处理这种情况呢？其实，在森林中如厕是一个很好的生活技能，因此教师应该教儿童如何恰当地做到这一点。小便相对简单，你的园所制度内容主要涉及小便地点（如远离小径、在指定的树后等，具体地点取决于你的园所位置）、隐私问题和之后的洗手问题。在森林中大便则是一件复杂的事情。我见过的最佳解决方案是携带一种适合露营的便携式马桶、一个保护隐私的帐篷、卫生纸和用于洗手的水。采用这种方法的幼儿园所组织的园外活动通常长达 4 小时以上。这对于大多数幼儿园来说是不常见的，但如果你想让儿童在园外探索更长时间，这种方法绝对值得考虑。重点是考虑自己园所的独特情况和活动，并据此制定相关制度。

### 需要急救的情况

虽然制定风险管理制度与规程的目的是为了避免紧急情况的发生和减少急救的需要，但事实是，事故总会发生。最常见的需要急救的情况是割伤、擦伤、刺伤、扭伤脚踝或类似的伤害。管理者应该制定相关的制度和规程，说明如何处理这些情况、如何根据现场的具体情况而采用不同的应对措施，以及事后进行必要的记录。如

果你已经在运营一所幼儿园，那么你会发现这些制度在本质上与园所现有的急救制度相同，只是在处理这些轻伤的细节方面可能有所不同。例如，使用冰袋是幼儿园常见的急救方法。在室内，打开冰箱拿一个冰袋来处理轻微的伤害很容易，但把冰箱带到园外则不切实际。因此，你可能需要在你的远足急救包中放一些即用型冷敷包。

你的制度还应涉及在园外可能遇到的重大急救情况，如过敏反应、骨折、心脏病发作等。虽然一般的急救程序与你的室内制度规定的一致（如尽快拨打120），但在远离建筑物的情况下，这些紧急情况可能带来一些额外的挑战。例如：你将如何向急救人员准确描述你的情况和位置？当一名教师呼叫急救人员时，是否还有另一名教师通知管理人员？在处理紧急情况时，你将如何照顾其他儿童？除了为这类情况制定即时处理的制度外，你还需要就事后如何生成紧急事件报告以及如何与家长和新闻媒体进行沟通制定程序。

### 其他紧急情况

除了儿童受伤之外，还有其他类型的紧急情况，你必须准备好在室内、室外或园外应对它们。首先是突发的天气情况。如果你能够在出门前先了解一下天气情况，那么许多天气紧急情况可以避免。然而，有时你们在园外可能会突然遇到雷暴或者山洪暴发。你的园所制度应详细说明如何保护儿童的安全，以及如何与幼儿园的管理人员沟通。

除了这些与自然相关的紧急情况外，与人相关的紧急情况（如儿童走失、被绑架或遇到不满的家长）也可能发生。大多数幼儿园已经为这些紧急情况制定了制度，但关键是确保你的制度可以解决在户外特别是在更远的地方开展活动的师生可能会面临的独特挑战，例如：没有门可以锁，没有管理员来检查身份，没有额外的员工来帮忙寻找儿童，或者没有你在幼儿园内遇到紧急情况时通常可以调用的其他资源，等等。你将如何处理园外的这些情况？你有与幼儿园沟通的通信系统吗？

此外，你还需要针对室外可能遇到的情况（如遇到大型野生动物、流浪狗、行为可疑或异常的人）而制定预案。如我所述，具体程序的细节将因为具体情况而有所不同，但在大多数情况下，园所采取的做法是呼叫执法部门，同时尽快将儿童转移到远离危险的地方。

## 教授儿童有关健康、安全和风险管理的知识

确保管理人员和教师熟知制度与规程至关重要，儿童同样应该了解这些制度与规程。一种做法是通过持续的对话，让儿童一起围绕他们所参与的活动的安全问题进行讨论。这些对话可以通过正式的利益 – 风险评估，或者非正式的互动方式进行。

### 正式的利益 – 风险评估

当儿童首次参与冒险游戏时，教师应鼓励他们进行利益 – 风险评估，就像成人在制定制度与规程时所做的那样。在随后参与那项游戏活动时，教师可以帮助儿童回忆他们进行过的利益 – 风险评估。这是教师与儿童的一次对话，许多园所的教师选择以书面形式记录这些对话。

对我而言，这些对话和记录的本质可以归结为三个简单的问题：（1）开展这项活动有什么好处？（2）在进行这项活动时，我们（或自然）可能会受到什么伤害？（3）我们如何在这项活动中保护自己和自然？

通过帮助儿童回答这三个问题，我们把安全放在首位，支持儿童执行功能的发展，并为他们提供了对自己生活的主动权和控制权。

例如，儿童想要用真实的金属铲子在泥土中挖掘，他们可能会列举出一些好处，比如："我们可以在这里堆出一大堆泥土！""因为我们可以挖一个特别大的洞！""因为会变得很脏！"我经常从儿童那里听到的一个好处，实际上也是唯一的答案，就是："因为这很有趣！"

对第二个问题的回答包括一系列的可能性，如被铲柄打到脸、被铲刀砸到脚，或者泥土飞进附近同伴的眼睛里。对于这些答案中的每一个，教师会询问儿童如何保护彼此免受伤害。儿童需要教师的多少指导取决于他们的年龄和经验，但面对教师的询问，他们的答案可能包括："保持彼此之间的距离，这样我们就不会被打到脸上""挖掘时始终穿鞋，以防我们砸到脚趾，这样我们的脚趾就会安全""我们扔泥土前必须看看我们的后面"。教师在对话中的角色至关重要。这些解决方案真的能保证儿童的安全吗？是否还有其他可能需要减轻的风险？有什么合理的方式可以做到这一点？

这三个问题的美妙之处在于，在任何地方、任何时候、对任何类型的活动你都可以问这三个问题。无论儿童是在室内建造积木塔还是在室外爬树，这些问题都是相关的，因为它们基于保护自然和我们自己的安全。

对于持续进行的高风险活动，你们应完成利益-风险评估并将其列入制度和规程手册中。例如，如果你定期与儿童一起生火，那么应在做好利益-风险评估的同时将其纳入园所的制度和规程手册，以便所有员工了解。你应该与儿童公开沟通这些制度与规程，并且让他们有机会通过持续围绕安全问题进行对话来提出对这些制度与规程的修订建议。

### 非正式互动中的利益-风险评估

"围绕安全问题持续与儿童进行对话"这一理念引出了教师支持儿童进行风险管理的第二种方式，即教师可以通过非正式的、与儿童的即时互动来帮助儿童管理风险。这包括教师的"出声思考"，即教师让自己对安全的思考对于儿童可视化。例如，一名教师可能会说："在我们出发去远足前，我需要点一下人数，确保我们都在这里。"这种教师的自我对话也可以在游戏中发生："哦，我要移动这根木头，因为它摇摇晃晃的，我担心我可能会摔倒。"这些时刻并不是关于安全问题的直接且正式的教学，但它们为儿童示范了"安全问题应该始终是我们思考的一部分"。

其他非正式的时刻可能包括在游戏中提醒儿童考虑安全问题。例如，在观察儿童的行为时，教师可能会对一个儿童说："我担心那条绳子可能会绊倒某人，你有什么计划来保证大家的安全吗？"这为对话打开了一扇门，让儿童进行思考，而不是教师强制实行特定的规则。这可能会引发更正式的利益 – 风险评估，或者儿童可能提供一个让教师满意的解释。

安全和风险管理应该体现在整天都在进行的、正式或非正式的对话中。这意味着风险管理必须全天都被教师牢记在脑海中，并且成为他们有目的地与儿童交流的一部分内容。

## 常见问题解答

### 1. 儿童在户外玩耍时经常会弄脏衣物，我们如何保持室内空间的清洁？

沙子、水、泥巴、土和雪是户外游戏的一部分，但这些如果随儿童一起被带进室内，会产生一些安全隐患，并让清洁工作人员感到不快。为了解决这个问题，一个常见的规定是让每个儿童准备一双"室内鞋"和一套完整的换洗衣物。户外游戏后，儿童可以换上干净的室内鞋（必要时还要换衣服）。这种做法有助于将儿童可能带入教室的任何户外残留物减到最少。如果儿童从户外回来后满身都是泥巴，那么你可能需要在他们进教室前用水管为他们冲洗一下。之后，儿童的备用衣物和洗衣机将成为你的好帮手。

### 2. 孩子身上有多少泥巴或水算太多？或者有"太多"这回事吗？

儿童是可以清洗的！说真的，泥巴、土、水等只有在导致儿童感到寒冷或不舒服时才是问题。除此之外，"太多"的阈值应由儿童自己决定。有些儿童不喜欢泥巴，因此在户外玩耍时不会考虑这一选项。

**实践反思**

1. 我们目前对轻伤、重伤、清洁和卫生、遇到危险的动物或人有哪些制度和规程?
2. 这些制度和规程是否涉及三种学习空间(室内、室外和园外)中可能出现的不同情况?
3. 我们的制度和规程目前没有涵盖本章提到的哪些情景?
4. 我们是否仔细查阅了可能涉及这些制度和规程的相关许可规定?

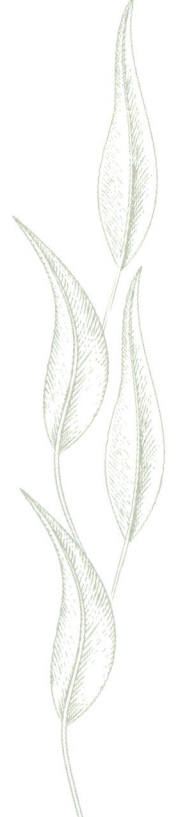

# 第二部分　物理学习环境

本书这一部分着重阐述室内、室外和园外空间，这些空间为儿童的基于自然的学习提供了背景。这些空间体现了一种模糊人类世界与自然世界之间的界限的哲学理念——更接近于与自然相互连接而不是分离的理念。因此，这三个空间可以从高度结构化和人为设计的区域转变为将自然作为建筑师的非结构化空间。

这一部分是"轮胎接触道路的地方"，也可以说是理念以物理形态展现的地方。从洗衣设施到材料（如儿童的拼图玩具）选择，物理环境中的每一个元素都反映了你的办园理念。我们从室内开始讨论，然后探讨室外游戏区，最后进入园外空间。

第五章

# 室内

基于自然的幼儿园植根于高质量的幼儿教育，因此，它们与传统幼儿园有许多相似之处，其中室内空间是最明显的一个。乍一看，基于自然的幼儿园的室内空间看起来就像传统的幼儿园室内空间，配备了积木区、艺术区、图书区、角色扮演区等。但如果你更仔细地观察一所基于自然的幼儿园的室内空间，你就会注意到整个房间都充满了自然的气息。基于自然的幼儿园的室内空间反映了该园所在地的自然和文化。在儿童迈入教室后，他们与户外材料的联系并没有停止。室内环境中的每一个元素都是教师有意设置的，无论是用于直接教学还是课堂管理，都旨在服务于儿童的学习。

室内的玩具、设备和场景要尽可能反映教室周围的自然世界。理想情况下，基于自然的幼儿园室内空间会给人一种自然的感觉，配有木制家具和墙壁、大量的自然光线，以及通往户外的清晰视野。原色塑料家具不适合基于自然的幼儿园，因为它们提供了一种与当地环境关系不大的人造外观，可能会让感官过载。相反，空间应该充满温暖、友好和舒适的氛围。

人们首次访问基于自然的幼儿园时经常会问："这个园所是否受到瑞吉欧教育的启发？"虽然大多数园所并没有特意遵循瑞吉欧教育模式，但这两种方法确实有共通之处。瑞吉欧·艾米利亚幼儿园的环境给人一种柔和的感觉，鼓励儿童使用感官，并通过支持社会关系的建立在校内外提供连续性。瑞吉欧教育和基于自然的教育都提倡模糊室内与室外空间之间的界限，以连接地方和社区。这种界限的模糊有利于更好地反映当地的特色。在他们关于

学习环境的著作《重新思考课堂景观》(*Rethinking the Classroom Landscape*)中，桑德拉·邓肯（Sandra Duncan）、丽贝卡·克雷斯（Rebecca Kreth）和乔迪·马丁（Jody Martin）问："如果有人蒙住你的眼睛，把你放在飞机上，然后把你丢在你所在国家的某个典型的幼儿园教室里，你是否会知道自己在哪里？"我敢说，对于这个问题，人们会给予一个否定的答案。然而，在基于自然的高质量的幼儿园中，答案将是肯定的。室内空间将反映室外自然环境以及文化环境。位于美国中西部上游森林中的基于自然的幼儿园，与位于西南部沙漠中的基于自然的幼儿园看起来非常不同，给人的感觉也截然不同。室内学习环境不仅反映了园所地理位置，也反映了园所理念。

以下建议将帮助你有意识地创设反映园所所在地特色，并符合以自然为基础的整体哲学观的室内环境。室内包括两种类型的空间：课程空间（即儿童游戏和学习的地方）和非课程空间（如入口、走廊、储藏室、卫生间等）。这两种类型的空间都可以用来进一步推进基于自然的教学实践。

## 课程空间的设计原则

在设计课程空间时，教师很容易感到不知所措，毕竟，需要做的决定看似无穷无尽。例如：墙壁应该是什么颜色？图书馆里应该有多少本书？书的封面朝外还是书脊朝外摆放？教室里哪些区域应该相邻？……然而，我的任务不是让你感到压力，而是帮助你减轻设计室内空间的负担。现在，我想重点讨论主要作为儿童游戏场地的室内空间，也就是支持课程的区域。

在大多数幼儿园的教室里，你会发现各种游戏区或兴趣区，包括图书区、积木区、角色扮演区和艺术区等。一些幼儿园可能对这些区域有略微不同的称呼，比如用"娃娃家"代替"角色扮演区"。一些园所的沙水桌是与感官桌分开的。尽管在名称和分类上有一些微小的差异，但基本设置是相同的，基于自然的幼儿园的教室里也是如此。一个高质量的基于自然的幼儿园教室里也有图书区、积木区、角色扮演区、感官桌、艺术区、科学探索区、音乐区和烹饪区。不言而喻,基于自然的幼儿园会将户外的自然材料带入室内。然而,室内空间的布置不仅仅是简单地将材料搬进室内。教师投放的材料应该是对儿童跨越室内、室外和园外的学习而言有意义的。通过回顾我在基于自然的幼儿园工作的经历,我确定了一些与室内课程空间设计相关的指导原则,这可能有助于你的设计过程。

- 使用自然材料而非人造材料
- 选择真实而非卡通化的材料
- 避免刻板印象
- 展现当地环境中的自然元素
- 连接室内与室外
- 抓住科学和数学学习机会

## 选择自然材料而非人造材料

木头等自然材料总是比塑料等人造材料更受欢迎。从小的层面来说,自然材料会给儿童一种完全不同的触摸体验。想象一下拿起一个用原木做的剪刀架而不是来自一元店的塑料杯时的感觉。这些物体以截然不同的方式激发儿童的触觉。从大的层面来说,一组自然材料创造了一种平静和舒适的感觉。室内物体的自然外观和给人的感觉反映了我们在户外尝试实行的原则——平静、专注,感官参与但不会感到不适。自然唤醒了感官但不会使其不适,我们希望在室内空间复制这一概念。因此,在装饰室内空间时要有这方面的意识。

转向自然材料,意味着你也就默认转向更真实的材料。最明显的变化是将植物和动物带入教室〔关于在教室里引入动物的更多信息,请参阅帕蒂·伯恩·塞利(Patty Born Selly)的《在幼儿教育中连接动物和儿童》(Connecting Animals and Children in Early Childhood)一书〕。

## 将自然材料融入室内空间

以下是一些具体示例,它们根据儿童的兴趣领域展示了如何将自然元素融入室内空间。这绝不是一个详尽的清单——让你的创造力成为你的指南!

**图书区**
- 关于自然的故事书
- 关于自然的科普读物
- 野外指南
- 地图

**建构区**
- 木质积木
- 木质桥梁模型
- 带有自然元素的感官积木
- 动物模型
- 木质串珠积木和珠子
- 积木上的社区特色照片
- 儿童在户外用开放性材料建构的作品照片

**艺术区**
- 松果
- 羽毛
- 石头
- 树枝
- 树叶
- 树叶和印章
- 树叶和印迹摩擦板①

**角色扮演区**
- 可穿戴式昆虫翅膀
- 毛绒动物
- 手偶
- 观鸟背心
- 钓鱼背心
- 橙色狩猎背心和帽子
- 当地的渔猎法规(供儿童在游戏中使用)
- 动物帽子、耳朵和尾巴
- 望远镜

**烹饪区**
- 可展示种子的水果模型
- 从菜园里采摘的水果、蔬菜和香草
- 班级宠儿三叶草
- 制作酱料或果酱的苹果或浆果

**写作区**
- 与自然有关的高频词,如鸟、巢、树、池塘

**感官区**
- 雪/冰
- 种子
- 玉米粒
- 骨头
- 松果

**科学探索区**
- 毛皮和动物的骨骼
- 显微镜
- 望远镜
- 石头
- 树木碎片
- 种子荚
- 仿真鸟蛋或真的鸟蛋
- 松果
- 羽毛
- 骨头
- 贝壳

---

① 树叶和印迹摩擦板是一种教育工具。这种工具由具有凸起图案的板材制成,图案可能是树叶的轮廓、动物的足迹或其他自然物的轮廓。使用时,将一张纸放在摩擦板上,然后用蜡笔或铅笔轻轻摩擦纸面,纸上就会显现出板上的图案。这不仅能够帮助儿童认识不同种类的树叶和动物足迹,还能够激发他们对自然的兴趣和探索欲,同时是一种简单有趣的艺术创作方式。——译者注

教室各处
* 室内植物
* 宠物，如兔子、豚鼠、鱼等
* 作为装饰的自然物
* 自然光线
* 户外视野
* 支持模糊室内外界限的照片等材料

音乐区
* 雨棍
* 常见的动物叫声
* 发出类似动物声音的物体（例如，用拇指划过梳子可以发出类似蛙叫的声音）

然后，你可以开始调整教室内的材料。你可以首先用玻璃杯替换所有的塑料杯。在艺术区域，使用篮子代替塑料碗来装小的开放性材料。然后考虑添加一些木碗，或者留意顶部有凹槽的石头，可以将其作为碗来使用。每当你将一个物体带入教室时，你可以问问自己："是否还有能够发挥同样作用的更自然的物品？"

## 选择真实而非卡通化的材料

虽然物品的材质很重要，但物品所呈现的形象或信息更为重要。在选择材料时，我们应该从卡通化的形象转变为更加真实的形象，并且应该避免仅仅展示自然界的普遍或常见的形象，因为这样做可能会加强儿童对自然界的刻板印象。幼儿教育材料供应清单充满了以鲜艳的颜色装饰的卡通形象，但现实世界并非如此。例如，材料供应清单里常见的有穿着芭蕾舞裙跳舞的小熊，但我从未在现实生活中见过熊跳舞，更不用说穿着芭蕾舞裙的熊了。为什么我们要为儿童提供这些形象呢？儿童应该体验世界的真实面貌。基于自然的幼儿园把儿童视为有能力的个体。通过向他们展现世界的真实面貌，我们能够将这种哲学付诸实践，体现出我们相信他们具备理解和欣赏真实世界的能力。实际上，我们认为世界的纯粹形态如此令人惊叹，以至于我们想要为儿童提供这样的体验。这意味着墙上不应该挂满图片、海报和图表，墙上展示的内容应该对儿童有意义——理想情况下是由他们创造的——并与室内、室外和园外正在进行的学习相关。因此，重申一点——不要让墙面上充斥无关紧要的东西！

## 避免刻板印象

为儿童打造一个真实的基于自然的学习环境，就意味着要避免儿童对自然界中事物产生刻板印象。拿常见的教学工具 "a 代表苹果" 的字母线[①]来说，示例中的苹果往往被画成红色，还有一只微笑的虫子从中钻出。然而，并非所有苹果都是红色的，更不用说虫子实际上并没有眼睛和嘴唇来展示微笑。幼儿园教室里充斥着许多类似的自然界刻板形象。尽管帝王蝶在幼儿园中备受关注，但根据北美蝴蝶协会的数据，全球约有 20000 种蝴蝶，仅北美地区就约有 725 种。鸟的种类也不仅限于红雀、知更鸟和大角鸮。而常见的农场动物的品种高达数百种。世界是一个生物多样性的宝库，教室中的材料应当反映这种多样性。不幸的是，很多玩教具设计师采纳了这种刻板印象。例如，我曾买过一套小的塑料哺乳动物，其中包括一只拥有鲜红眼睛的狼的模型。实际上，狼并不拥有红色的眼睛！把这样的玩具放入教室，只会强化把狼作为恐怖、邪恶动物的错误印象。在这种情况下，我用黑色马克笔改变了狼玩具的眼睛颜色。寻找能够真实反映自然世界的玩具、游戏和书籍可能需要你付出额外的努力，但这种努力能为儿童提供更加丰富的体验。

---

① "字母线" 在这里指的是一种常用的教学工具，用于展示字母表，并且每个字母通常会配有一个以该字母开头的单词的图示。例如，"a-is-for-apple"（a 代表苹果）就是这种字母线的一个实例，其中 "a" 字母旁边可能配有一张苹果的图片，旨在帮助儿童识别字母并将其与一个熟悉的物体或概念联系起来，以促进儿童的学习和记忆。——译者注

## 展现当地环境中的自然元素

尽量为儿童提供反映你所在地自然环境的材料。在很多方面，这与避免刻板印象的原则相似，但在这里，这一原则针对的是生态系统层面的应用。例如，如果你的幼儿园位于北方的森林里，那么园所为儿童提供的材料应该反映该森林的生物——橡树、枫树、白尾鹿、黑林鸦、蓝松鸦和飞鼠。如果你生活在亚利桑那州的沙漠中，那么展示不同种类的仙人掌、蝎子、郊狼和蜂鸟的材料将是理想选择。同样，如果你住在太平洋西北部靠近海洋的地方，那么你可以选择展示海豹、海獭、鲑鱼和燕鸥的材料。

这时候，可能会有人说："我们班有个孩子非常喜欢恐龙。"我的回应是，儿童的兴趣应始终被优先考虑。所以，如果一个孩子对恐龙充满热情，那么教师就应该提供支持这一兴趣的书籍、玩具和游戏。教师的任务是支持儿童的这种兴趣，并为其提供发展其他兴趣的机会。这意味着教室里展示的动物形象不应该只有恐龙。教室里的大部分材料应该反映园所所在地的生态系统。此外，可能有资源可以将儿童对恐龙的兴趣与当地的自然资源联系起来。你所在的地区曾经生活过哪些恐龙？它们长什么样？恐龙与我们今天看到的动物有何不同？比较其他生态系统和我们居住的地方，这种比较有助于儿童更好地理解自己的环境。

从课程的角度来看，让材料反映当地的生态系统有助于模糊室内外的界限。代表当地环境的材料更有可能引发基于室外经历的对话或游戏，这意味着儿童的学习可以轻松地与在另一个物理空间发生的学习相连。的确，遥远的生态环境令人着迷，因为它们与当前的环境不同并充满新奇的事物，但我们幼儿园的后院里也有许多新奇和有趣的事物等待儿童去发现，这些事物对儿童来说更具体、更实在。同时，真实、典型的本地自然环境体现了自然世界的价值。真实地展现自然世界表明我们视自然世界为独立的实体，认可其价值，而不是为了"使其更好"或"更有趣"而必须改变或操纵它。自然世界本身就是无比有趣和有意义的——无须我们给它穿上芭蕾裙或打上领结。

## 连接室内与室外

定期反思"我们如何能让室内空间与室外空间更好地连接?",有助于你把自然元素融入室内环境。再次强调的是,要模糊室内与室外之间的界限,使得儿童的学习无论在何种物理空间都能持续进行。教室的物理结构对于实现这一目标非常重要。如果可能,安装足够低的窗户以为儿童提供自然光,便于儿童看到室外。曾经有一名教师告诉我,她喜欢高高的窗台,因为这样不会使儿童因外面的事物干扰而分心。室外不是一种干扰,它对于帮助儿童理解周围的世界非常重要。儿童会注意到季节的变化和日光的变化,也会注意到落在鸟食器上的鸟,还会捕捉到安静、令人沉思的时刻。

除了物理结构外,你提供的材料也可以帮助儿童更好地连接室内外的学习。例如:如果室内有能让儿童看到室外的低窗户,那么你可以提供鸟食器,让儿童观察鸟儿和松鼠;提供望远镜,以便

儿童观察这些动物；提供鸟类识别书籍，以便儿童了解他们所见到的鸟类的信息；提供纸张和书写工具，让儿童画下他们所看到的；还可以与儿童分享记录观察到的不同种类的鸟或松鼠数量的方式。我见过的记录方式有：使用可翻转的编号环、用记号笔在黑板上画钩和在算盘的每行贴上动物照片。

此外，思考你为儿童提供的已有材料怎样才能更好地连接儿童室内外的学习。例如，幼儿园教室里典型的教具是数字线①，如果让儿童在户外收集物品，然后用这些收集物的照片来做你的新数字线，那么会怎么样呢？突然间，这个与儿童和室外脱节的教具变得对儿童有意义，它将数学与户外联系起来。我参观过一间教室，当时班级里正在开展颜色匹配活动，儿童将衣夹上的颜色照片与颜色图进行匹配。通过将衣夹上的照片更换为当地环境中的植物或动物的图片，师幼交流的机会大大增加了，对话变成："我看到你把蓝松鸟放在白色的位置。你能告诉我为什么选择白色的位置吗？"此外，这些图片可能会引发儿童分享关于近期室外体验的故事。这种材料的改变看似微小，但对儿童的学习具有重大影响。

## 抓住科学和数学学习机会

现在，你可能会想："基于自然的教育是全面的，并不仅仅聚焦于科学和数学。"你说得对。然而，我相信基于自然的教学法为儿童的科学和数学学习提供了绝佳的切入点。为儿童提供支持他们探索自然世界的文本和工具，无疑是明智地利用了黄金学习机会。通过对环境进行微小的调整，教师就可以促进儿童科学和数学能力的发展。最简单的做法是引入真实的测量工具，

---

① 数字线（number line）是一种数学教学工具，用于帮助儿童理解数字的顺序、大小关系以及进行基本的数学运算（如加法和减法）。它通常是一条直线，上面均匀地标有数字，有正数、负数或两者都有，根据教学需要而定。在幼儿园或小学的教室里，数字线可能以实体形式呈现，如挂在墙上且上面印有连续的数字的条带，或者是教师使用的教具，帮助儿童直观地理解数字间的空间关系。数字线可以用于教授数学技能，如数数、比较大小、识别数字位置、了解数字间的距离等，是早期数学教育中一个重要和基础的工具。——译者注

这既能支持儿童的科学学习，也能支持其数学学习。比如，鼓励儿童测量不同树木的周长，并观察哪些树干更粗大、哪些更细小。在感官桌上，与其投放回收来的酸奶盒，不如为儿童提供不同尺寸的烧杯、量筒和量杯。滴管和注射器（当然没有针头）也是很好的补充物。这些材料能够丰富儿童的语言和扩展其学习内容："那个容器侧面的数字是什么意思？另一个容器上也有数字！如果我把这个容器的水倒进那个容器，它们的数值会不会一样？"我并不是说这种对话每天都会发生，但使用真实的科学材料可以提供更多这样的交流机会。

铅笔

在布置室内空间时，尽量将真实的自然元素融入进来，模糊室内外环境的边界。在这个过程中，记得保持简单和灵活。即使你还没有完全将自然元素融入教室的每一个角落，也不要自责，因为这是一个持续的过程。正如我所说的，即使是最优秀的基于自然的幼儿园也有改进的空间。

## 非课程空间的设计原则

幼儿园中的每个细节都向外传达了其所重视的价值观。显然，教室本身传递的信息最为直接，但即使是非课程空间，如入口和走廊，也能传达园所的价值观。在基于自然的幼儿园里，你会看到非课程空间里有挂湿衣物的区域、洗衣设施，以及为有需求的儿童准备的额外户外装备存储处。这些都传达了园所对儿童每日户外时间的重视——无论天气如何。用于储存额外衣物的空间传达的信息是：户外时间如此宝贵，我们不希望任何儿童在体验户外活动时遇到任何障碍。设有洗衣设施也显示出泥土在幼儿园里是一个被接受并乐见的部分。

基于自然的幼儿园所强调的另一个价值观是环境的可持续性。那些为儿童提供新鲜的本地食物、回收和堆肥设施、非一次性盘子和餐具、布餐巾的幼儿园，都在向儿童展示使环境可持续的行为的重要性。

即便是幼儿园中的照片和装饰物也会传递出重要的信息。这些艺术作品是由儿童制作的吗？孩子的照片是在户外泥地和雪地里拍的吗？这些非课程空间也是你日常管理的一部分，它们向教师、儿童和家长传达了园所看重什么。

## 关于技术

技术在幼儿教育中是个热门话题。通常，当今人们讨论技术时，多指的是电子媒体。2010年的凯泽基金会研究显示，8—18岁的儿童每天接触屏幕的时间高达10小时45分钟。这甚至超过了一份全职工作人员所用的屏幕时间！鉴于日常生活中有大量接触屏幕的机会，我认为幼儿园不应无目的地提供屏幕时间。

然而，学习并掌握技术确实很有必要。电子设备同刀具或铲子一样，是工具，我们应教会儿童恰当使用它的方法。这意味着，电子设备应被谨慎地和有目的地使用。比如，许多基于自然的幼儿园会在森林中设置红外相机，捕捉野生动物的影像。在电脑上观看这些照片是对电子媒体的恰当使用。如果儿童看到一只鸟并想听听它的叫声，那么进行快速的网络搜索是支持他们学习的好方法。

除了电子媒体技术之外，我们还需要记住儿童在室内外环境中可以接触到的其他广泛的技术。像滑轮、螺丝和杠杆这样的简单机械，是能够支持儿童学习的不涉及电子屏幕的技术设备。望远镜、相机和显微镜不仅能够促进儿童的学习，还有助于模糊室内外的界限。在选择技术时，关键是要记住，采用基于自然的方法意味着要尽可能地强调真实的、亲手操作的、感官的体验。技术就像教室里的其他任何材料一样，应该用来增强这些体验。

## 鹿的尸体和红外相机

在探索自然世界时，有时我们会发现动物存在的迹象，即使亲眼没有看到动物。可以感应动物运动的红外相机是一种极好的工具，可以在我们不在场的时候捕捉到这些动物的活动，并用影像记录下来。

例如，在齐佩瓦自然中心的自然幼儿园，儿童在冬季的一次远足中，在森林里发现了一只死去的鹿。他们注意到了雪中的动物足迹，对于来访的动物感到好奇，于是决定在鹿的尸体上安装一个可以感应动物运动的红外相机。在接下来的几周里，儿童查看了相机里的照片，重新观察了鹿的尸体，对其分解过程进行了研究，然后编制了一本记录他们所观察到的动物的野外指南。虽然最开始的活动是偶然发生的，但它为幼儿带来了强大的体验，以至于齐佩瓦自然中心的教师现在每年冬天都会在森林里放置一只被车撞死的鹿供儿童研究①。

---

① 在移动任何动物尸体前，请先查看所在地区关于对待动物的法律规定。

到了春天，儿童在小径上发现了一只死去的鸟——一只黄腹吸汁啄木鸟。基于他们之前对鹿的尸体的研究和使用红外相机的经历，他们决定将这只鸟和一个相机放在森林中。在准备过程中，他们对这只鸟进行了观察并绘制了图画。安装好相机后，相机拍下的照片显示有动物经过：一只火鸡和一只浣熊来过，随后一只家猫将鸟带走了！后来，教师制作了一本关于这项研究的小册子来记录这次经历。

在这两个例子中，有意识、有目的地使用技术可以使儿童学习到食物链、动物尸体的分解过程，以及生与死等相关知识，同时为他们提供了练习读写技能的机会。

## 常见问题解答

### 1. 对于学龄前儿童来说，使用多少技术算是过多？

这个问题的答案部分取决于我们如何定义技术。如果我们不把技术局限于电子设备，而是认为技术包含其他很多工具，那么儿童接触技术的机会可能有很多。如果技术仅指电子设备，那么答案就不同了。美国儿科学会的通信与媒体委员会建议，2—5岁的儿童每天使用屏幕的时间不应超过1小时，而且在这1小时内儿童应专注于高质量的节目。考虑到儿童在园外的屏幕接触时间，我认为，不应该让屏幕占用幼儿园的活动时间，除非这些屏幕被谨慎且有目的地使用。

### 2. 我在哪里可以找到适合我们班级的材料？

越来越多的公司开始销售基于自然的适用于学龄前儿童的材料。我在附录里列举了一些免费或价格低廉的物品，以供参考。除了这些，你还可以浏览专门针对幼儿教育材料的书籍或手册；偶尔你会发现一些隐藏的宝藏。

### 3. 我可以养一只在当地自然环境中找不到的动物作为班级宠物吗？

当然可以！虽然基于自然的教学法主要关注的是本地的物种，但班级宠物也可以是在当地自然环境中找不到的动物。重要的是确保你的班级宠物可以被合法拥有，因此，一定要从信誉良好的宠物供应商那里购买。儿童在照顾班级宠物的过程中，能够与它建立亲密的关系。

**4. 我在班级里已经养了一段时间的宠物，但现在有一个学生对它过敏。我如何使这件事变成对每个人都有益的经历？**

这是有多名儿童的班级普遍存在的一种情况。不妨试下头脑风暴，激发儿童想出创造性的替代方案，以便在确保过敏儿童的安全的情况下让其他儿童可以接触宠物。例如，宠物可以被放置在幼儿园主任的办公室里，儿童可以分成小组，在教师的陪同下依次离开教室去照顾和看望宠物。

## 实践反思

1. 室内空间是否展现了具有自然色彩和充满自然材料的整体风貌？
2. 使用的材料是否展示了植物和动物的真实形态？我怎样才能更多地展示真实的植物和动物形态？有哪些材料需要更换或进行调整？
3. 这些材料是否反映了本地的自然环境？我如何能将更多本地的环境元素引入教室？有哪些材料需要更换或调整以更好地实现这一点？
4. 我如何能更有效地将室内空间与室外环境连接起来？
5. 目前教师在教室里是如何利用技术的？这是否符合我对幼儿教育信奉的理念？
6. 幼儿园建筑中的非教学空间是否支持幼儿园的使命和教育目标？

第六章

# 室外：自然游戏区

鉴于户外时间在基于自然的幼儿园里的重要地位，园所教师投入大量精力以为儿童提供高质量的室外游戏区并不让人感到意外。尽管大多数传统幼儿园都设有室外游戏区，但这些区域并不符合自然教育者对"高质量"自然教育的定义。

传统的幼儿园室外游戏区通常包括设计复杂且成本高昂的攀爬设施，而可移动玩具或可操纵材料却相对较少。在基于自然的幼儿园里，你不会看到永久不变的人造攀爬设施。相反，你会看到一个以自然元素为主，固定构件较少且拥有丰富的开放性材料的空间。这些元素和开放性材料包括小游戏屋、桶和铲子，以及空心木头、树枝和树叶等。

自然游戏区提供的游戏机会比传统的大型攀爬设施要丰富得多。自然游戏区的设计重点从强调身体活动转移到促进身体活动和想象游戏的平衡。无论是自然游戏区还是大型攀爬设施都支持大肌肉的发展，但自然游戏区提供了不断变化的物理挑战，让儿童在认知、社交和情感方面也得到发展。

在一个配备了各种材料的宽敞的室外空间里，你可能会注意到儿童之间的冲突较少。虽然研究人员还在探究这一现象的原因，但是我们可以推测这是因为物理空间更大、资源竞争较少，并且与其他室外游戏区相比，自然游戏区带来的感官刺激总体要少。冲突的减少为更深入、更有意义的师幼互动、同伴互动创造了条件，这最终意味着会为儿童带来更丰富的学习体验。

在设计或改造室外游戏区以使其更贴近自然时，有许多因素需要考虑。

这些因素应以有意义的方式支持儿童的学习，遵循地方政府颁布的许可规定，并允许儿童在游戏中适当地冒险。虽然本章将讨论高质量的自然游戏区的各个方面，但不会深入到设计细节，如具体应包含哪些元素或植物。如果你决定开始优化你的室外游戏区，那么我鼓励你去查找一些优秀资源来获得详细的信息。你会发现，创建符合基于自然的教育理念的室外游戏区，需要的不是巨额资金的投入，而是有意识地选择高质量元素。

总体而言，室外游戏区应具备自然的氛围而非传统的游乐设施，它应体现出本地的特色，并且像典型的室内空间那样，充满学习和教学的机会。室外空间应成为教室的延伸，对于教学和学习的重要性不亚于室内空间。如果能满足这些条件，那么它就不仅仅是一个位于室外的游戏空间，而是一个自然游戏区。再次强调，一个设计得当的自然游戏区能够自然地减少儿童之间的冲突，促进儿童更加投入游戏和获得更深层次的学习体验。

## 规定与许可

当我与教师讨论如何将室外游戏区转为更基于自然的游戏区时，我经常会遇到关于许可规定的问题。虽然我很希望能就规定允许与禁止的事项给出全面的指导，但这是不可能的，因为每个地区都有不同的规定。然而，可以肯定的是，无论你做什么，你都应当严格遵守你所在地区的规定。通常情况下，幼儿园需要遵守国家游乐场检查标准，但这些标准并未涵盖原木和树桩这类物品。令人鼓舞的是，在美国一些州，如密歇根州，在其规定中明确增加了关于自然游戏区的定义和要求，以解决这一问题。

当你计划对自然游戏区进行改造时，你需要查阅当地的规定，并与许可监管员沟通。记住，许可监管员也希望儿童能够在安全的环境中享有高质量的学习机会。在讨论可能性时，从这个共同的出发点开始。

## 设计原则

创设一个有效的自然游戏区有几个关键要素。室外游戏区是室内空间的延伸，本身也是一间教室。因此，它应为儿童提供创造性表达、建构、阅读、科学、数学、音乐等方面的学习机会。此外，自然游戏区应为儿童提供大运动游戏的机会。在打造一个真正有效的自然游戏区时，你需要考虑以下几个设计原则。

- 安全
- 占地面积适宜
- 邻近其他学习区域
- 空间多样
- 自然特征多样化
- 材料多样
- 提供所有发展领域的学习机会
- 提供冒险游戏的机会

接下来将讨论这些原则。

### 安全

首先且最重要的是，任何自然游戏区都必须保证儿童的安全。这并不意味着不可以提供冒险游戏的机会，而是指教师需要排除游戏区里潜在的危险。危险是指那些可能对儿童造成伤害且儿童无法控制或预料的元素，如头顶悬挂的枯枝、毒藤和黄蜂窝，此外，还包括人为的危险，如碎玻璃和宠物排泄物。在选择游戏区的位置时，教师还需要考虑交通和停车场的尾气问题。我倾向于为自然游戏区设置围栏。这个观点可能让人感到意外，但我的理由很简单：

围栏的存在使教师能够更深入地参与儿童的游戏。这并不是说教师可以松懈下来，不再关注全班儿童，而是说围栏为教师与儿童之间的互动和对话提供了更多的可能性。

请记住，儿童在园外有机会获得开放的、没有围墙的活动经验。设立围栏的游戏区通过确立清晰的界限让家长和教师安心。理想情况下，你选择的围栏应该具有自然的外观，并且不影响自然空间的整体美感。例如，教师可以考虑使用栅栏，配合田野围网或仅使用简单的田野围网。

尽管危险元素通常是儿童无法控制且需要我们为他们移除的事物，但是这并不意味着我们就要把儿童排除在讨论之外。让他们参与风险分析也很重要。例如，与儿童讨论为何悬挂的树枝

可能是危险的。帮助儿童学会识别并避开毒藤和其他可能造成伤害的当地植物。教他们在遇到意外的危险（如碎玻璃）时懂得该怎么办。在世界的某些地区，毒蛇和蜘蛛等来自自然界的危险物是生活的一部分。虽然成人可以通过在游戏区围栏的底部安装特殊的装置来阻挡蛇的进入，但是让儿童参与风险分析的过程也很重要。例如，教儿童识别毒蛇长什么样和有什么危险、避免接触以及不慎接触后的措施等。

> **需要从自然游戏区移除的危险元素**
>
> 不同的地区有不同的危险元素，这里有一些我们应识别的常见危险元素，应将它们从游戏区域中排除。
>
> 植物带来的危险
> - 悬垂的枯枝
> - 刺激皮肤的植物（如毒葛、毒橡树、毒漆树和豚草）
> - 有毒植物和蘑菇
>
> 动物带来的危险
> - 有刺的昆虫（如黄蜂）
> - 毒蛇
> - 毒蜘蛛
> - 其他有毒的动物（如蝎子）
>
> 人为造成的危险
> - 碎玻璃
> - 用过的针头
> - 宠物排泄物

## 占地面积适宜

自然游戏区应足够大，为可能会在那里游戏的每个儿童提供充足的空间。这意味着，如果偶尔多个班级同时使用该游戏场地，那么空间需要足够大以适应那些时刻。

儿童需要足够的空间来充分进行大肌肉运动。他们渴望加速奔跑和跳跃。充足的空间可以支持儿童的这些学习。如果你发现你的自然游戏区太小，那么可以考虑扩展当前的区域边界。如果这不可能或不切实际，那么你可以在离建筑物远一点的地方找到一个可以用围栏围起来的空间。然后，儿童可以在户外游戏时间步行到那个空间。这一做法的缺点在于这样的自然游戏区与室内空间的距离太长，这引出了第三个设计特征。

## 邻近其他学习区域

在理想情况下，室内空间可以直接通向室外游戏区。但对大多数幼儿园来说，这是不可行的。许多幼儿园的室内外空间之间确实有相对便捷的通道，这种设计的优势在于它模糊了室内外学习的界限。如果一个儿童在室外游戏时记起他原本打算将室内的玩具带到室外，那么他可以轻松地去室内取那个玩具（当然，需要成人监督）。便捷的室内外通道方便儿童共享游戏材料，并有助于满足儿童的实际需求，如方便儿童在衣服湿透时获取额外的衣物。将室外游戏空间设置在室内空间附近，可以为儿童提供更多样的游戏材料，而无须准备重复的物资。

到目前为止，我主要关注室内外区域之间的互动。在理想情况下，自然游戏区也应该直接通往园外空间。许多幼儿园中的儿童只能穿过建筑物到达园外。为室外游戏区增加一个方便师生更快地通往园外空间的门，这不仅简化了儿童穿过建筑物到达园外的过程，也使得儿童从室外到园外的心理过渡更加顺畅。

## 空间多样

虽然每个自然游戏区都应反映其所在地的地理位置和社会文化，但所有室外游戏区应包含多种空间。这些空间不仅可以支持儿童的身体发展，还通过为儿童提供解决问题、发展创造性思维和社交互动的机会，支持儿童的认知和社会情感能力的发展。

- 充满阳光的区域和阴凉的区域
- 泥泞的区域和干燥的区域
- 粗糙区域，如由卵石堆或可挖掘的泥土区域
- 软质区域，如沙池或草地
- 休息区域
- 角落空间
- 大团体聚会空间
- 提供具有硬质地面（用于骑行轮式玩具）的区域
- 适合锻炼小肌肉的探索区域
- 可以支持大肌肉发展的开阔的运动区域

　　提供舒适的座椅,以便儿童与成人或其他小朋友进行互动。创建隐秘的角落,让儿童感觉他们能够从小组中"隐身"(这是一种感觉上的独立,并非真正的隔离)。设立一个可以容纳大团体的空间,以便儿童开展集体讨论和活动,例如,教师可以利用多根原木、稻草包或埋入地面约三分之一高度的树桩来创设一个类似圆圈的空间。自然游戏区还应包含硬质地面,比如压实的泥土或细碎的砾石，供儿童在上面骑轮式玩具。为了促进儿童精细动作的发展，自然游戏区应包括适合儿童锻炼小肌肉的探索区域，如儿童尺寸的野餐桌、平滑的树桩顶部或长椅，儿童可以坐在上面或站在上面写字以及探索小型自然物品。提供足够大的空间，让儿童能够奔跑和进行荡秋千、跳跃之类的前庭运动。

自然游戏区中受欢迎的元素包括沙坑、泥巴厨房、树桩、锻炼身体平衡用的原木、木制船、迷你原木小屋、音乐区和表演戏剧用的舞台。不同幼儿园的空间组合会有所不同，关键是拥有多样化的空间，以便通过游戏支持儿童多方面的发展。

### 自然特征多样化

游戏区应包含多种自然特征。游戏区应尽可能呈现真实的自然空间的外观和氛围，而非精心打造的公园。这意味着教师需要引入本地的植物，如乔木、灌木和花卉；同时，提供岩石、原木、不同类型的土壤和水源，以支持儿童的多种游戏。如果可能，教师可以在区域里设置不同的地形，比如小山丘和平坦的地形。小山丘可以在秋天用于翻滚，冬天被雪覆盖时用于滑雪。

在规划具有多样的自然特征的游戏区域时，有以下几点需要考虑。

第一，谨慎挑选植物，要考虑到它们的即时和长期影响。选择对儿童安全的、具有多种质感的且生长高度不同的植物，同时考虑植物会带来哪些乐趣，或者可能造成哪些方面的问题。例如：橡树会产生橡子，而橡子可以成为游戏中极好的松散性材料；雌性银杏树会掉落有臭味的果实，可能带来不便。室外游戏区还可以包括一个小花园，至于花园里植物的种植和照料都由儿童负责。

第二，考虑如何安全地为儿童提供接触水的机会。许多地方政府对游戏区内的水有具体规定，所以园所管理者一定要了解当地的规章制度。理想情况下，儿童应该像接触其他材料一样，可以自由地接触水，但这意味着水深是一个安全问题。因此，我推荐使用水桶来储存雨水，既可以让儿童自由用水，又可以连接自然世界（最近下雨了吗？）和管理儿童的行为（有人忘记关水龙头了吗？）。除此之外，还要考虑到当地的气候条件。在干燥的气候中水会蒸发吗？静止的水会成为蚊子的繁殖地吗？水桶会被落叶填满吗？如何解决这些问题？例如，可以购买用来覆盖水桶的网罩，以防止水中充满杂物。

第三，尽可能让区域展现出类似自然环境的特征。记住，幼儿园的室外空间处于高度结构化的室内空间和非结构化的园外空间这一连续体的中部。它有一定的结构性，但应该比室内空间具有更大的灵活性。

## 材料多样

一个高质量的自然游戏区可以为儿童提供各种各样的材料，供他们在游戏中使用。这些材料应包括自然物品和人造物品，并主要由开放性材料组成。开放性材料这一术语由景观建筑师西蒙·尼科尔森（Simon Nicholson）提出，指的是任何可以被操作且不仅仅适用于单一目的的材料。例如：桶、铲子、绳子、勺子和杯子都是人造的开放性材料；沙子、土壤、树枝、树叶和石头是自然的开放性材料。人造材料和自然材料的结合支持儿童进行丰富的想象游戏和自然探索。自然材料为各种动植物提供了栖息地（这是好事！），而人造材料如放大镜，将支持儿童对这些生物的探索。

> **开放性材料**
>
> 人造物品：不同大小的桶、铲子、耙子、绳子、PVC管［整根的和被切成段的（别忘了连接件和弯头）］、勺子、杯子、碗、松饼盘、圆形蛋糕模、搅拌器、滤网、纽扣、螺丝钉和螺帽、箱子。
>
> 自然物品：沙子、土壤、树枝、木头（尺寸适中，便于儿童搬动）、树叶、树桩、贝壳、树干的横切面（厚度仅几厘米）、橡子、种荚、翅果（即枫树种子的正式名称，孩子们称其为"直升机"）、松果。

在创设自然游戏区时，不要忘记添加室内的一些可用材料，如书写和艺术用品、书籍、乐器等。确保自然游戏区材料多样性的一个有用问题是："室内的所有区域是否也在室外有所体现？"希望教师对这个问题的回答是肯定的！要明确的是，这并不意味着室内外区域的材料必须相同，但两个空间内的基本活动应该是一致的。例如：室内的图书区可能有多种陈列在书架上的图书和软座椅供儿童阅读。室外可能有一个小型的书籍箱，儿童可以在这里选择和阅读图书。因此，虽然两个空间的布置和书籍数量可能不同，但在这两个空间中，儿童都可以自由选择和阅读图书（下一节将进一步讨论如何将读写活动融入室外）。你的室内艺术材料可能包括马克笔、蜡笔和各种纸张。儿童也可以在室外使用这些物品，但室外还可能包括一个快闪艺术区，儿童可以使用自然的开放性材料制作雕塑和艺术品。

当然，为了让所有儿童都能参与到丰富的游戏中，你必须提供充足的材料，以避免儿童发生不必要的冲突。确实，关于材料的一些冲突为教师提供了教授儿童谈判和解决冲突的技巧的机会，但这些情况不应成为常态。考虑到儿童需要大量的材料，你可能会想："我应该把这些材料放在哪里？"室外储藏设施非常有帮助。例如，可上锁的小屋、既可作为座位又可用于储藏的长椅以及塑料桶，都能帮助你组织和储存材料。对于缺乏足够的室外储藏空间的教师来说，可以考虑使用带轮的行李箱来储存较大的开放性材料，以及使用结实的公文包储存消耗品。教师可以在一天结束时将这些箱子和公文包带入室内。

虽然每天提供这些材料对于后勤人员来说可能具有挑战性，但材料的多样性是重要的。材料的多样性将激发儿童在游戏中的想象力。

## 提供所有发展领域的学习机会

在设计高质量的自然游戏区时，一个必要的考虑因素是融合所有发展领域，包括认知领域内的所有学科。在基于自然的幼儿园中，室外游戏区真正延伸了室内空间，而不仅仅是促进儿童运动能力发展的区域。通过提供多样的空间、自然特征和材料，室外游戏区支持儿童与同伴之间和成人与儿童之间的互动，从而支持儿童的社会情感能力发展。室外游戏区还支持儿童的认知发展和他们在语言、科学、技术、工程、数学、艺术方面的探索。下面是一些利用自然游戏区支持儿童不同发展领域的方法。

### 社会情感能力

与室内空间一样,自然游戏区为儿童提供了许多与同伴、成人互动的机会。这些互动帮助儿童理解社会规范,同时培养他们与同伴合作、解决问题和冲突的技能。自然游戏区还支持儿童内在的社会情感能力(如自我调节能力)发展。虽然冒险游戏通常被认为是一

种身体发展活动，但它也支持儿童的社会情感能力的发展，自然游戏区为此提供了绝佳的空间。冒险游戏帮助儿童建立自信心、培养毅力并获得在冒险前进行情感自我检查的经验。我将在本章后面更详细地讨论冒险游戏。

### 语言和读写能力

许多基于自然的幼儿园会在户外储藏区保留一箱书籍。有一些幼儿园则设有一个像美国社区中流行的"小型免费图书馆"那样的图书储藏区。还有一些园所通过对图书进行覆膜，让儿童可以全天候使用它们。通过提供小型便携式的白板和记号笔、在平滑的树桩顶部涂上黑板漆，或者设置一个带有画笔或记号笔的垂直画架，教师可以为儿童提供书写的机会。对儿童的语言和读写能力发展的支持不必局限于一次性或临时性材料。教师可以考虑为儿童提供更为持久的材料，如木制字母，让儿童可以在围栏上移动它们来拼写单词。此外，教师还可以创建一个字母园，用植物来代表字母或用植物组成的字母形状来表示字母。

### 科学、技术、工程和数学

在设计自然游戏区时，教师也要考虑儿童在科学、技术、工程和数学领域的学习机会。放大镜、各种容器和"昆虫盒"可以支持儿童对游戏区内动物生活的探索。为儿童提供用于收集、排序和分类（这些是重要的科学和数学技能）的材料与空间。鸡蛋盒或松饼盘是进行这些活动的绝佳工具。为儿童提供用于称重和测量的工具，如雨量计、温度计和天平等，这些物品不仅有助于儿童利用技术，还可以支持他们学习科学和数学等方面的知识。此外，大型开放性材料，如原木、板材、PVC管、绳索和滑轮等，可以方便儿童进行工程探索。例如，儿童可能会决定建造一座堡垒或一个横跨游戏区运输材料的系统。

### 艺术探索

当然,在支持儿童发展不同的认知领域时,不要忘记给他们提供艺术表达的机会。教师可以为儿童提供画架、音乐站、木偶、舞台、表演道具,以及记号笔、蜡笔和颜料等易耗型艺术用品。记住,利用户外更大的空间,艺术项目可以进行得更加宏大。为什么不在一个巨大的冰箱盒上绘画,或者在挂在围栏上的床单表面泼洒颜料呢?

无论你在与孩子们的游戏中有什么有趣的活动,我希望你记住,室外游戏区不仅仅支持儿童的身体发展，就像室内空间支持儿童的社会情感能力和认知发展一样，室外游戏区也应该以有意义的方式刻意做到这一点。

### 提供冒险游戏的机会

基于自然的幼儿园的一个独特且核心的部分是为孩子们提供参与冒险游戏的机会。许多人在听到这一点时会有些退缩——你们鼓励

冒险游戏吗？是的，基于自然的幼儿园鼓励适当的、有益的冒险游戏。这并不意味着鼓励危险游戏，而是鼓励那些需要孩子们在身体活动中进行认知参与的游戏。冒险游戏让孩子们能够连接到他们内心的感觉，而他们内心的感觉会告诉他们是否应该做某事。他们可以多次尝试一项任务，当他们最终完成时，他们能够感受到成功的喜悦。冒险游戏还帮助孩子们培养创造性地解决问题和进行自我探索的能力。许多作者，如蒂姆·吉尔（Tim Gill）和埃伦·桑德塞特（Ellen Sandseter），已经写过有关冒险游戏的作品，我鼓励你阅读它们来了解冒险游戏的力量。

儿童如果从未经历过冒险游戏提供的学习时刻，会失去什么？在她的文章《冒险游戏的特点》（Characteristics of Risky Play）中，埃伦·桑德塞特将冒险游戏定义为"包含身体受伤风险的令人感到刺激和兴奋的游戏形式"。冒险游戏蕴含了孩子会受伤的可能性。但我们常常没有考虑过不允许冒险游戏给儿童带来的伤害。这种伤害不是身体上的，而是情感上的。当我们阻止孩子们体验挑战自我的机会时，我们会让孩子们面临情感上受到伤害的风险。身体上的伤害相对容易恢复——我们的身体会愈合。但一个孩子如果从未学过如何坚持解决挑战性问题，或者从来没有机会理解直觉如何告诉他是否应该采取行动，他要怎么从这些伤害中恢复呢？这种伤害比身体上的伤害要严重得多。

风险意味着存在导致儿童受到伤害的可能性，但同时也可能为儿童带来身体上、认知上或社会情感上的益处。而与此相对，危险则是指有可能对孩子们造成伤害，且在孩子们的意料之外或令孩子们无法控制的事物。在冒险游戏中，孩子们通过自己的决策和行为预防伤害。来自挪威的研究员埃伦·桑德塞特提出了六种类型的冒险游戏：高处游戏、高速游戏、使用危险工具的游戏、带有危险元素的游戏、打闹游戏，以及消失或失踪游戏。由于本章的主题是自然游戏区设计，因此，我们会重点讨论如何提供和支持不同类型的冒险游戏机会。

### 高处游戏

这种类型的冒险游戏涉及攀爬、站立在高高的表面上或从高处跳下以及在高空中悬挂或荡秋千等。所有这些行为都有跌落的风险，而这种风险应该成为你和孩子们在参与这类活动之前进行的利益-风险分析的一部分。

适合攀爬的树木是儿童进行这类游戏的理想场所，但它们需要时间在游戏区内生长。在此期间，你可以通过在游戏区放置树桩或大石头来为儿童提供高处游戏的机会。孩子们可以站在这些物体上或从它们上面跳下。

### 高速游戏

年龄较小的孩子对快速移动感到兴奋，这种冒险游戏正好满足了他们的需求。高速移动给儿童带来了与他人或物体碰撞的风险。在与孩子们进行利益-风险分析时，教师可以和他们讨论如何在这种游戏中避免碰撞。

高速游戏包括荡秋千、骑三轮车或滑板车，或者快跑。在创设自然游戏区和制定该区域游戏规则时，教师要考虑这些活动。

### 使用危险工具的游戏

在成人指导下使用危险的工具，对儿童来说是一次培养责任感和安全意识的有力体验，同时有助于发展使用特定工具的技能。例如：刀具、锯子、斧头和绳索等工具虽然存在使用风险，但是有助于孩子们构建和创造事物。尽管一些基于自然的幼儿园允许孩子随时使用这些工具，但大多数园所只在年初偶尔提供这类工具，然后随着孩子技能的逐渐提高而增加使用频率。例如，为了帮助孩子们学会用刀雕刻木头，许多园所一开始先让他们学习如何安全使用土豆削皮器。孩子们一旦表现出他们已熟悉了安全规则，并且能够熟练地使用削皮器，就可以开始尝试使用刀具。大多数基于自然的幼儿园选择偶尔使用锤子、螺丝刀和锯子等工具，并非每天使用。

### 带有危险元素的游戏

火坑、深水区和悬崖都是带有危险元素的例子。虽然这些元素都存在给儿童造成伤害的风险，但很少有基于自然的幼儿园真正使用这些元素。不过，你可能会选择偶尔与孩子们一起生火。围坐在篝火旁烤棉花糖可以让儿童体验与火相关的冒险游戏，同时建立集体归属感。

### 打闹游戏

打闹游戏包括诸如摔跤或用树枝作剑之类的活动。虽然这种类型的活动存在让儿童受伤的风险，但幸运的是，最近打闹游戏在幼儿教育中获得了更多正面关注。所有孩子，不论男孩还是女孩，都需要有参与这种游戏的机会。

为了在户外增加更多打闹游戏的机会，你可以指定自然游戏区的一部分用于比剑、摔跤和类似活动。同其他类型的游戏一样，园所需要明确规定如何确保孩子们的安全。

### 消失或失踪游戏

你可能记得童年时自认为摆脱了成人监管而产生的兴奋感。儿童需要那种感觉。虽然我们并不真正提供让他们消失的机会，但我们可以给他们提供一种独处的感觉。游戏区里隐蔽、舒适的角落，可以让两三个孩子相聚，他们在这样的环境中可以获得这种感觉。例如，将一块透明的布悬挂在树枝上，可以让孩子们感到自己可以隐藏起来，同时不妨碍成人进行监管。

## 自然游戏区创设之路

在阅读了自然游戏区的设计建议之后，你可能会感到有些手足无措，想着"我们怎样才能做到这一点？"。请记住，你正在向基于自然的教学法迈进。这并不意味着你必须一夜之间将游戏区里的人造元素转换为自然元素。

我建议你从小事做起，观察情况如何发展。儿童对什么东西感兴趣？什么能激发教师的灵感？通常情况下，从小事做起意味着将自然与人造的开放性材料结合起来，然后逐步增加区域的一些自然特征。最终，你可能会说服决策者（无论这个"决策者"是你自己还是你的上级）移除游乐设施。当你开始对物理环境进行小的改变时，你会看到儿童的游戏和师幼互动出现积极的变化。这些变化可能需要时间，因此请对孩子们和你的同事保持耐心。不要因为第一天孩子们没有玩那堆新土就认为改变失败了——保持耐心！

## 常见问题解答

### 1. 我如何了解本地政府对室外游戏区的规定？

你所在地区的政府规定包括幼儿园室外游戏区的管理条例。如果你对某些规定不太清楚，那么可以向你所在地区的教育局或城市管理局求助以获取具体的指导。值得庆幸的是，现在一些地区开始针对幼儿园自然游戏区制定具体的规范和适用于这类户外空间的管理办法。再次咨询地方教育局或城市管理局，了解你所在地区是否制定了这些管理规范，以及如何查询到它们。

### 2. 我们的室外游戏区已有传统的攀爬设备，孩子们非常喜欢。我们可以保留它，并在设备周围增添基于自然的游戏功能吗？

你所在地区的规范可能允许这样做，但你需要进行确认。室外游戏场地规范通常要求传统游乐设施与自然游戏区分开布置，而非混合使用。也就是说，传统的游乐设施应与自然元素（如树桩）保持分离。

### 3. 我在哪里可以找到如原木这样的自然材料？

私营的树木养护公司、市政林业部门等通常愿意提供这类原木。他们可能还会帮忙将树干切割成适用于儿童游戏的树桩或树饼（即树干的薄切片）。当地的园林或沙石公司也可能提供沙子和土壤等材料。别忘了，儿童的家庭也可能是我们获取自然材料的好资源。

### 4. 创建自然游戏区时应避免哪些常见错误？

最常见的错误是急于投入大量资金，希望从一开始就做到完美。创建自然游戏区应该一步一步来，从简单的事情做起，先投入一两个重点项目，然后根据孩子们的兴趣和需求逐步改进。记住，自然游戏区是一个不断发展变化的空间。另一个常见的误区是忘记开放性材料对自然游戏区的重要性。仅有几个固定设施是不够的，还需要引入各种开放性材料。我在自然游戏区观察到的另一个不足之处是缺少师生互动。自然游戏时间并不是简单的休息时间，而是课堂学习的延伸，因此，自然游戏区应充满师幼和幼幼之间的持续互动。

## 实践反思

1. 我园的室外游戏区现有哪些区域、设施和自然景观？
2. 室外游戏区总体上是否可以给人一种是自然空间而非人造环境的感觉？
3. 为了创设一个真正的自然游戏区，我们需要调整哪些区域、设施和自然景观？
4. 我所在的地区是否有关于自然游戏区的规定？

5. 为了满足规定,我们需要增加或改善哪些区域、设施和自然景观?
6. 是否有需要移除的危险物品以确保空间安全?
7. 室外空间与室内空间、园外空间的距离有多近?我该如何改善这些空间之间的互通和流动?
8. 自然游戏区提供了哪些类型的空间?空间里有哪些自然特征?
9. 自然游戏区里包含了多少开放性材料?其中,自然和人造的开放性材料是否多样?
10. 室外游戏区为儿童提供了哪些发展不同领域的机会?
11. 室外游戏区为儿童提供了哪些开展冒险游戏的机会?

## 第七章

# 园外

除了可以在室外游戏区获得日常经验外,基于自然的幼儿园里的孩子们每天都可以体验园外的自然空间。这些体验让孩子们与周遭更加原始、更加真实的自然世界建立联系。在园外,师生的步调变得缓慢,人造世界的喧嚣减弱,儿童对自然世界的惊奇感被放大。

尽管目的地可能日复一日地变化,但孩子们会在一年的时间里反复研究这些相同的生态系统。因此,他们逐渐注意到随着季节的更替而变化的景象。例如,在初秋,孩子们去池塘边时可能会发现彩色的树叶漂浮在水面上。约一个月后,可能有孩子指出池塘冰面开始形成。到了深冬,他们可能会发现冰已经足够厚,可以在上面走动。到了来年春天,同一池塘则迎来了红翅黑鸟的鸣唱和成千上万的新孵化的蝌蚪。

在这些空间里的教与学每天也有所变化。有时,教师可能会组织非常有针对性的活动,如观察并记录蝌蚪的特点;有时,则可能让孩子们自己选择目的地,以及他们在途中和到达后要做什么。一般来说,园外空间被儿童用来探索、发现或体验比自我更宏大的物体。

这些定期的体验和与季节变化的联系帮助孩子们建立起对这个地方的归属感和认同感。这种联系培养了孩子们的主人翁感,他们将愿意为保护这个地方采取行动。正如戴维·索贝尔(David Sobel)在《超越生态恐惧:在自然教育中回归初心》(*Beyond Ecophobia: Reclaiming the Heart in Nature Education*)一书中所述:"重要的是先让孩子们有机会与自然世界建立联系,

学会爱它，在其中感到自在，然后成人再让他们参与修复它的伤痕……我们的问题是，我们在孩子们与自然世界还没有形成一种爱的关系之前，就试图唤起他们的责任感。"在园外的时间对于孩子们与自然世界建立深厚的联系至关重要。

园外空间在三个空间中最具影响力，为孩子们提供了最丰富的在自然中学习的机会。鉴于园外空间是三个物理环境中人为影响最小的，这个空间里的环境准备主要着眼于开辟通往多样化生态系统的路径、保障儿童在这些区域的安全，以及配备促进儿童探索与发现的开放性材料。由于它主要依赖自然本身提供的环境，因此本章将重点讨论在园外空间中获得有效的体验需要考虑的因素。

## 适宜的园外环境

在园外时间，教师应优先选择接触未经人工干预的自然生态系统。有时候，教育工作者在听到我这么说时，可能会误以为我指的是未被人类踏足的、广阔的森林。虽然这样的环境非常理想，但并非构成高质量园外空间的必要条件。园外环境应该足够宽敞，让孩子们感受到自己已经离开了人造的游戏区，进入了一个全新的空间。对孩子们来说，这样的园外空间应该是一个隐蔽之所，远离停车场和道路。园外环境还应当是一个生态健康的区域，未被外来物种过度入侵。拥有生物多样性的园外空间如同另一名教师，因此，不健康的生态环境将限制孩子们的学习机会。即便如此，大多数情况下，在一个不尽完美的园外环境中的体验，依旧比完全没有园外体验要好。因此，不要因为幼儿园后面的场地太小或生物多样性不足而忽略它。

具有教育价值的园外环境可能是幼儿园旁的空地、社区公园、当地的自然中心、附近的露营地等。虽然这些环境不完全处于自然中，但是人造的自然场所如植物园、农场或动物园，也可以成为园外场地。要记住，园外时间主要用来让儿童体验更野的自然，而这些体验本身也是一个连续体。尽可能利用你能够接触到的最接近自然的空间，不管它是什么都可以。

> **潜在的园外场地**
>
> 以下是几个适合作为园外场地的选项。当然，在开始利用这些场地之前，你应当与场地所有者进行沟通，确保得到允许并办理必要的手续。
>
> - 县级公园
> - 市级公园
> - 省级或国家级公园
> - 自然教育中心
> - 私人的土地
> - 公立学校（部分学校可能拥有与整洁的校园区域分隔的自然区域）
> - 受地区或国家保护的土地区

## 园外活动

园外活动的目的在于通过日积月累

的经验，培养儿童与特定地点的深厚关系。这需要教和学每天都有变化。这些活动不仅涉及在自然中学习、关于自然的学习以及与自然一起学习，也关涉谁来主导这个活动。有时，教师会提供有关特定活动的材料和构思；有时，则由孩子们选择目的地和活动内容。

比如，一个完全由教师主导的活动——我称其为"在自然中学习"——可能是在森林里寻找散落的字母。在这项活动中，教师制定了明确的目标，提供材料，儿童几乎没有选择的余地。这项活动可以在任何环境（包括室内）中进行。更贴近于"与自然一起学习"的活动可能是带上捞鱼网、勺子和桶去探索池塘。在这种情况下，教师提供材料和一个大致的目标，在活动中给儿童留下很多选择和创造的机会。根据教师主导的程度，这可能是"关于自然的学习"和"与自然一起学习"的综合活动。更倾向于由儿童主导的活动可能是教师允许儿童自由探索森林里的某个区域，不给任何提示或指导，让他们随意探索。

虽然这三个例子都适合基于自然的幼儿园，但我们的目标是形成综合的学习模式——在自然中学习、关于自然的学习和与自然一起学习——强调儿童主导的活动而非教师主导的活动。园外主要用于探索和发现事物，让儿童和教师体验更加原始的自然世界。因此，园外的活动更可能是儿童主导的、基于发现的活动，也就是与自然一起学习。

## 安全考量

在基于自然的幼儿园的三种学习环境中，园外环境的结构化程度是最低的。它同样最可能受到自然事件和外界人士的影响而发生变化。园外环境也是受监管最少的空间。这意味着，与我们之前讨论的其他空间相比，教育工作者在维护儿童的安全方面面临着更大的压力。

在孩子们离开自然游戏区前，教育者必须确保所有工作人员都接受了适当的培训，以应对在户外可能遇到的任何安全问题。工作人员接受的培训包括户外技能以及与园外活动相关的安全守则方面的专业培训。这些针对特定场所的守则将详细说明如何识别并消除这些区域的安全隐患。守则还会明确指出合适的师生比例、保持小组队伍的方法、儿童需要上厕所时的措施、引导儿童参与风险-收益评估的策略以及如何在无围栏区域设定界限等。比如，你可能会规定，必须始终有一名教师走在小组的前面和后面，并且这些教师必须随时能够看到彼此。

完备的园外活动书面制度与规程不仅会详细地描述适当的操作流程，还会列出小组外出时必须携带的安全物资。

### 选择与携带物资

在大多数幼儿园中，儿童外出活动所需的物资一般会被装入各种类型的背包中。这个至关重要的背包至少应携带基本的安全装备，如急救包、双向无线电对讲机或手机（以便联系幼儿园办公室）以及儿童的紧急联系人信息。此外，背包里还可能有备用手套和帽子、面巾纸、手部消毒剂、额外的小食品等物品。可以考虑在背包里放入一些可以给人带来舒适感的物品，比如在特别寒冷的日子里使用的暖手宝或者袜子；当然，还可以放入一些增强教学效果的资源，如捕捉昆虫的容器、用于书写的白板和记号笔、自然历史参考书等。

教师也可以考虑携带一些方便儿童在园外即兴学习的物品。这些难以预料但又由自然界即刻提供的教学，正是让园外体验如此富有意义的原因。支持这些教学机会的物品包括放大镜、足迹识别指南、相机和用于盛放有趣的生物的塑料罐（之后这些生物会被放回它们的自然栖息地）。

若你计划开展特定的活动或前往某个目的地，并需要携带更多的物资和装备，那么使用一辆安装了全地形轮胎的坚固小车是运送物品至园外的最佳方式。这不仅方便你携带难以手持或背负的大型物品，还能让儿童共同承担将物资运至目的地的责任。小车还能作为团队管理的一个有效视觉标识，用于界定边界或集合点。

带往园外的物资需要根据目的地和预期活动来决定。比如，如果你打算前往草地，那么你可能需要准备一些适合捕捉和观察昆虫的工具，如捕虫的网、旧的白色床单（便于孩子们观察昆虫）、昆虫观察盒、放大镜和识别手册。如果你打算前往森林却并没有特定的活动计划，那么你可以携带挖掘用的小勺、放大镜、一两本儿童喜爱阅读的故事书、一些书写材

料，以及可能用于建构活动的绳索，供那些喜欢建构活动的儿童使用。我突然意识到我列举了很多带到园外的物资。关于应携带什么，其实没有一个固定的答案；重点是要关注儿童的兴趣，并据此调整你的物资清单。当然，最佳做法是在出发前询问儿童："我们应该带些什么到园外去？"当儿童首次体验园外环境时，他们可能需要你帮忙想主意，但我保证，一旦他们对园外环境熟悉了，他们就会有自己的计划，并且非常乐意提供一个需要携带的物资清单。

## 增加园外时间的策略

理想状态下，园外活动应该是日常开展的，并且儿童能够直接从自然游戏区进入园外空间，比如，一开门就直接踏入园外空间。但对于许多园所而言，直接进入这样的空间是不可能的。有些园所的孩子通过简短的步行便可

到达园外，而有些园所的孩子需要较长时间的步行。如果往返园外的一些地方（如公园）会过多占用其他活动的时间，那么可以考虑让家长在公园接送孩子，这样孩子们就只需走单程，而非往返。

对于那些刚开始转向基于自然的教育方法且无法让儿童步行至某一园外区域的幼儿园，前往园外的活动可能是每季一次的郊游日活动，地点可以是当地的自然中心、公园或其他自然区域。随着时间的推移，如果幼儿园的经济条件允许，这些郊游的频率可以从每季一次增加到每月一次。现在，已有很多幼儿园和小学一年级的班级每周会安排一整天的园外访问活动。这对希望增加园外时间的幼儿园来说是一个可借鉴的模式。"森林星期五""草地星期一"或"荒野星期三"等园外访问活动既能让孩子们定期深入体验自然，又能使团队熟悉必要的后勤工作安排。随着园所往连续体的另一端不断靠近，如果能够每天提供交通服务让孩子到达较远的园外空间，那么每天的园外探索就成为可能。这最初可能只涉及少数儿童，但最终可以扩展到整个班级。

在规划如何访问固定的园外空间时，请记住，访问的目标是帮助儿童随时间与特定地点建立深厚的联系。儿童访问这个地方的次数越多，效果越好。最后，为园外活动挪出更多的时间，明确识别诸如进入路径、安全性及时间等方面的障碍，然后逐渐采取措施，朝着将园外体验"日常化"的目标努力。

## 常见问题解答

### 1. 园外空间需要多"野"才够？

任何位于自然游戏区以外、主要由自然界提供材料和经验的空间都可被视为园外空间。但是，空间环境越接近自然或越未经人工改造越好。越是野的空间，孩子们遇到即兴教学机会的可能性就越大，从而能够更好地与自然一起学习。

**2. 我的幼儿园位于城市地带，几乎无法接触到自然环境，而且我们幼儿园的交通条件十分有限。我怎样才能引导学生进入园外空间？**

理想情况下是儿童直接从自然游戏区走进园外空间，但这并不总是可行的。你们幼儿园附近是否有园外空间，家长或监护人可以在此接送孩子？如果没有，那么幼儿园可以考虑每季度组织一次前往当地自然中心或公园的实地考察活动。随着时间推移，你们可以逐步增加前往园外空间的频率。例如，我了解到在一所位于高度城市化地区的幼儿园里，教师每天都会组织大约12名儿童乘坐公共汽车去当地的少儿营地，那里就成了他们的园外空间。确实，有很多方法能够带领儿童接触园外空间——关键在于你愿意付出多少努力来解决执行方面的挑战。

**3. 在园外徒步中，我如何帮助那些需要活动计划和可预测感的孩子享受徒步体验？**

虽然儿童在园外探索中会遇到不可预测的情况，但整体体验是有规律可循的。教师通常应在出发前做好活动准备，确保儿童在探索期间能在预先计划的地方找到教师，每天安排一定的活动，然后再返回幼儿园。如果儿童需要更多的结构化安排，你可以在园外设立一个固定的"基地"，作为每次探索的起点和进一步探索的跳板。你在室内为儿童提供的一些支持，如附带照片的时间表，在园外同样有用。

**4. 当到没有便利设施的园外空间探索时，我们应如何处理如厕问题？**

在进入园外空间之前鼓励儿童如厕，这可以最大限度地减少他们在园外如厕的需要。然而，现实情况是如厕需求难以避免。在野外如厕是一个重要的生活技能，教师需要教授儿童在户外如厕的正确方式。小便相对简单，你的规定应涵盖如厕地点（比如远离小径、指定的树后或你们园认为合适的地方）、保护隐私问题和洗手程序。在野外大便则复杂得多，大部分教师会在儿童出现此需求时选择返回幼儿园。毕竟，大多数园外探索的区域与幼儿园的距离并不遥远，因此幼儿园并不费时。不过，我也见过一些教师选择携带露营式便携马桶、提供可遮挡的折叠帐篷、卫生纸及洗手用的水，以应对这些情况。

5. 如果孩子不慎跌入水坑，全身湿透了怎么办？

再次强调，这是在户外与儿童一起工作时不得不面对的现实状况之一。教师首先需要关注的是儿童的安全，其次是他们的舒适度。从安全角度考虑，根据天气条件，迅速换上干燥衣物的紧迫性会有所不同。如果气温较低，那么你需要立即让儿童换上干燥的衣物。如果天气暖和，那么你可能只需帮助儿童倒掉鞋中的水，脱掉湿袜子，然后带他们回到教室内更换衣物，以减轻孩子的不适。

**实践反思**

1. 我的园所附近有哪些可能的园外区域？
2. 带儿童离开学校场地时，我需要遵守哪些制度或规定？
3. 还有哪些因素可能会限制我带孩子们前往园外空间，是距离、交通还是其他什么？
4. 我已经知道访问园外空间的障碍，有哪些方案有助于我克服这些障碍？

# 第三部分　整合一切

在本书的前两部分，我们探讨了理念、教育方法和环境创设。在实施基于自然的教育方法时，我们还需要留意一些关键细节。最后这一部分将详细介绍在实施基于自然的教育方法时，教师的日常计划和其他具体操作事项，以及如何确保儿童家长获取必需的信息和资源，使之成为促进儿童积极成长的有效合作伙伴。

# 第八章

# 计划幼儿园的一天

自然是基于自然的幼儿园课程的核心,这意味着季节性事件和孩子们的户外体验影响着所有的计划和课程设计。作为成人,无论是教师还是管理人员,我们的角色是确保在有意识地支持儿童学习的同时,融合这些基于自然的要素。当我们有意识地安排我们的日程、提供适当且有意义的材料,并为一天中由教师主导的环节设计发展适宜性的活动时,我们将取得最大的成功。本章专注于以一种重视基于自然的体验的方式来构建幼儿园一天的活动,根据孩子们的兴趣进行规划,并记录儿童的学习发生的过程。

## 基于自然的幼儿园的一日常规

虽然基于自然的幼儿园的一日常规可能因具体的幼儿园而略有不同,但大多数园所的一日常规都有一个共同的结构框架。也就是说,教师和儿童在一天中仍然有较大的灵活性来调整各个环节的时间、地点和顺序,当然还有这些环节中的活动安排。至于确切的时间表,幼儿园可以根据孩子们的参与程度而定,这受到年龄、学年、天气、节假日等多种因素的影响。这里我提供的常规流程来自一所每天为儿童提供3小时服务的半日制幼儿园。全日制幼儿园的结构与此相似,只是额外增加了午餐和休息时间。

一日流程的不同环节可以在不同的地点进行。例如,点心环节既可以在室内进行,也可以在室外或园外进行。休息环节也可以在这三个空间中的任意一个进行。当然，这需要教师做一些规划以满足儿童的需求，如摆放垫子、毯子等。

一日流程中的各个环节的顺序也具有灵活性。在基于自然的幼儿园里，我认为唯一的结构性"要求"是先进行户外游戏和园外探索活动，因为先进行的活动可以占用更多的时间、注意力和精力。如果我们认为孩子们的户外体验很重要，那么我们应该优先考虑它。除此之外，你可能会选择在自由游戏之前而不是之后进行小组活动。你可以基于孩子们的兴趣、你的优先事项以及所有人的安全来调整活动和体验的顺序，但一旦制订了计划，就应当保持其一致性。

明尼苏达州北部的冬季非常寒冷，位于该地区的基于自然的幼儿园会相应地调整日程表，以便在阳光能提供些许温暖时进行户外游戏。这是一种临时性调整；在秋天和春天气候较温暖时，他们会优先安排户外游戏。他们依旧重视户外活动，做出调整是为了确保孩子们安全并能够全身心地投入户外学习。

在对日程表做任何调整时，教师都需要与孩子们进行沟通，并且在可能的情况下，应与孩子们共同商议决定。一日流程的框架应该足够稳定，以便孩子们能够预知下一个环节是什么，并能够与他人进行交流。当孩子们说出"我们远足回来后就可以吃点心了！"或者在户外游戏时询问"老师，我们今天的远足目的地在哪里？"时，这表明班级有明确的日常安排。

让我们来谈谈一日流程中的每个环节。

## 入园与签到

和其他幼儿园一样,基于自然的幼儿园的一日流程里也包含多个过渡环节。入园环节让孩子们准备好迎接成功的一天,同时也是一个连接室内外学习的机会。许多地方规定家长需要在入园环节为孩子签到。如果我们期望支持儿童自我认同的发展和增强他们对自我世界的控制感,那么为什么不让儿童也参与签到呢?

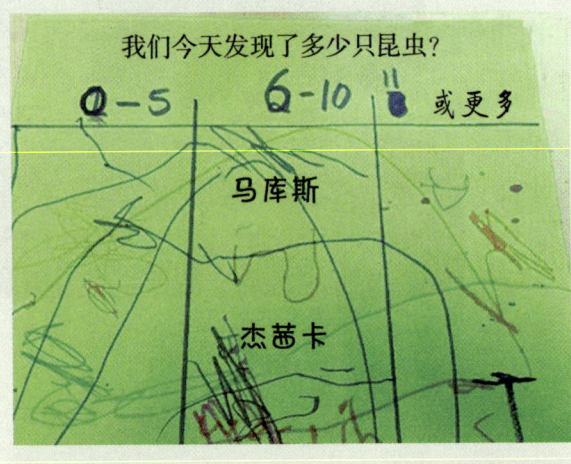

教师可以利用儿童入园和签到的时刻,促进富有意义的亲子互动及儿童的学习。教师可以提供一块干擦板或其他易于更改的大型视觉提示工具,上面显示了日期和一天的主要计划。这不仅可以让家长了解当天的活动计划,还能激发家长与孩子之间的对话。为了简化孩子们的签到过程,教师可以每日设计一个问题并为孩子们提供书写答案的空间。比如,教师可以让孩子们预测在去草地远足的过程中会遇到多少只昆虫,并为他们准备在图表上标记名字的地方;

或者问孩子们今天想去哪里远足,并在出发前在小组会议上对结果进行统计。这些签到活动不仅包含了读写练习——让孩子们练习书写自己的名字,还涉及科学学习中的预测技能以及数据图表制作技能,这是科学技能和数学技能的有意义结合。

## 户外游戏(45~60分钟)

签到完毕后,孩子们便可以与已在自然游戏区准备好的教师一起开始游戏。虽然理由众多,但我认为把户外游戏而非室内活动安排在一天的开始,主要有以下四个原因。

第一,户外时间是一天中最重要的部分。我们日程中的第一件事总能获得最多的时间和关注。相反,安排在一天末尾的事往往会匆忙进行,实际花费的时间可能会比预期少。第二,选择从户外游戏开始是因为孩子们一到幼儿园就已经穿好了户外服装,这样一来,就少了一个过渡环节!第三,从户外游戏开始可以让迟到的孩子不会干扰到日程的正常进行,他们可以直接加入游戏。第四,孩子们可以根据自己的计划和节奏开始新的一天,而不是完全按照成人的安排行事。许多成人喜欢在早晨用片刻的时间喝杯咖啡或茶,整理自己的思绪,然后才开始应对一天的生活。孩子们同样值得享有这一待遇,优先安排户外游戏正是基于这一考虑。我见过有些孩子入园、签到之后,会先站在室外游戏区的中央观察其他小组的孩子们在做什么,之后才决定加入某个游戏。另一些孩子则可能在签到后就直奔他们最喜欢的游戏区。每个孩子都有自己的独特之处,但在早晨能够做出选择对他们每一个人都非常重要。

## 班会(5~15分钟)

班会的目的是为了欢迎每个孩子开始新一天的学习,并为即将进行的园外探索做好准备。欢迎孩子们和访客,并留意任何缺席的人,是创建班集体的重要环节。完成这些后,班级便可以开始准备前往园外进行探索了。

具体的班级活动每天可能会有所变化。例如,班级儿童可能会通过投票决定他们的探索目的地,或者阅读一个与他们即将踏上的探索之旅相关的故事。班会期间,教师与孩子们通常还会讨论前往园外所需要携带的物资以及需要注意的安全事项。在班会与开始远足探索之间的过渡环节,通常还会包括一次如厕的机会。

### 园外探索(45~60分钟)

园外探索的目的在于让孩子们与周遭更加原始、真实的自然世界建立联系。这类定期组织的体验活动有助于孩子们与四季建立连接,让他们感受到自己是比个体更宏大的世界的一部分,从而在孩子们心中种下归属感和对地方的认同感的种子。当然,随着时间流逝而不断地为儿童提供经验,需要每天有不同的教与学活动。这些活动不仅涵盖了在自然中学习、关于自然的学习以及与自然一起学习,还可能涉及不同的活动领导者。然而,总的来说,园外是用来探索和发现自然世界的。因此,园外的大部分活动会强调与自然共同进行的学习,即以儿童为主导、基于发现的活动。

### 回到室内

在大部分时间里,基于自然的幼儿园从室外到室内的过渡都是在园外探索后进行的,但具体的过渡时间可能有所不同。无论何时进行过渡,教师都必须面对一个现实:泥土无处不在。实际上,乐趣和学习越多,泥土就越多。但别忘了,儿童的衣物是可以清洗的。尽管如此,在室外设有一个让孩子们脱掉湿漉漉的充满泥泞的衣物的空间会很有帮助,方便孩子们换上干爽、整洁的衣服。大多数基于自然的幼儿园还会要求孩子们为室内活动准备另一双鞋子,以减少泥土、雪、沙子等被带入室内空间的可能性。这看似是个小细节,但在室外为孩子们提供更换泥泞衣物的地点,能让教师、孩子们及管理人员——更重要的是，清洁人员——感到更加满意！

### 点心时间（15 分钟）

无论是在室内、室外还是园外，教师都可以组织家庭式的点心活动。在这个时间段内，儿童和教师可以交流当天共享的体验，所以最好在点心时间不进行朗读活动或教授新知识。交流的话题可以涉及"你能相信今天我们距离那些火鸡有多近吗？有只火鸡真的叫得很响""哇，今天外面真的很冷吧？现在里面感觉好暖和"等。围绕共同体验的深入交流有助于孩子们感受到与社区以及当地环境的联系。

### 更多的自由游戏（30 ~ 60 分钟）

自由游戏的时间、地点会根据天气状况而定。在一些特别的日子里，孩子们可以在园外进行游戏。一般而言，他们可以选择在室外自然游戏区或室内游戏。不管是在哪个地点，基于自然的幼儿园里的孩子们都能享受到与基于室内空间的幼儿园的孩子们相同的自由游戏机会，包括积木建构、科学探究、数学游戏、表演游戏等。

### 小组活动（10 ~ 15 分钟）

在小组活动中，孩子们会完成一个任务或按照教师的引导使用开放性材料进行创作。虽然这是一天中由教师主导的时刻，但它依然紧密联系着孩子们在其他时段的兴趣和体验，允许他们自由玩耍和发挥创造力。比如，孩子们可能会被邀请用自然的开放性材料（如树枝、松果或橡子）来制作一个昆虫模型。即使他们制作出来的昆虫有 12 条腿，也完全没关系，因为这里的重点是鼓励儿童发挥创造力而非追求"正确"的答案。小组活动时间是教师与儿童、儿童与儿童之间进行互动的宝贵机会，能够强化特定的发展领域。例如，如果一个孩子制作了一只有 12 条腿的昆虫，而另一个孩子制作了一只有 6 条腿的昆虫，那么教师和孩子们可以就数字、大小以及不同昆虫的行走速度进行比较。小组活动应尽可能地与孩子们在户外的体验以及他们在那些环境中表达的兴趣相关联，这是将室内外学习相连的又一机会。

### 最后的班会与告别

最后的班会是一个回顾一天的活动并互相祝愿、期待下次相见的时刻。班会内容可以包括欣赏与当天体验相关的歌曲或故事，或者是孩子们分享他们当天最喜欢的活动。一般来说，这是一个简短的集合时刻，因为孩子们在户外快乐地度过了大多数时间。作为告别仪式的一部分，一些幼儿园会让孩子们唱一首包含当地自然元素的再见歌。

### 教师计划

虽然教师做计划的时间并不属于孩子们的日程部分，但将其纳入总体安排极为重要。理想情况下，教学团队成员会在每日结束时汇合，反思当日的学习成果及如何在次日进一步延伸这些学习成果。孩子们提出了哪些问题？哪些内容吸引了他们的兴趣？这些问题的答案可以指导教师确定在儿童主导的自由游戏时间提供哪些额外材料，以及在第二天组织哪些由教师主导的活动最合适。

## NBP 案例

### 施利茨奥杜邦自然中心幼儿园（Schlitz Audubon Nature Center Preschool）

地点：威斯康星州密尔沃基

施利茨奥杜邦自然中心幼儿园坐落于密歇根湖岸边的约 75 万平方米的土地上，为学前儿童提供了在各种生态系统中探索的机会。3—5 岁儿童参与的是每天 2 小时 45 分钟的半日制课程，儿童家庭可以根据需要选择让孩子每周上 2 天、3 天或 4 天的课程，每个班级配备 2 名教师，最多招收 16 个孩子。

施利茨奥杜邦自然中心与大脑研究中心合作开发了一套名为"自然促进幼儿的大脑发展"的卡片，每张卡片正面是一个活动，背面则简单陈述了一个有关大脑发展的事实，旨在通过基于自然的活动促进幼儿的大脑发展。

## 常见问题解答

### 1. 我们团队成员没有时间每天一起做计划，有什么其他好的选择吗？

尽可能一起做计划。如果每日一起做计划做不到，那么你们可以考虑每隔一天开会；如果这也做不到，就尝试每周开一次会。如果连每周做一次计划都有困难，那么你们可能需要重新评估和调整园所实践和人员结构，以更好地支持基于自然的课程。

**2. 如果天气过于恶劣，我们在户外时间没法出去怎么办？例如，在遇到雷暴或强风时，我们怎么应对？**

在前往室外游戏区或园外之前，教师需要查看天气预报。如果天气预报显示可能有危险天气（如风暴），那么那天就放弃户外活动，或者等风暴过后再出发。一个好的经验法则是，听到雷声后至少等待 30 分钟再外出。如果你们意外遇到风暴，那么请尽快寻找避难所。记住，我们追求的是安全、积极的户外体验，并不是试图展示我们有多坚忍。

**3. 我们没有可以让我们乘坐着远离幼儿园的交通工具，所以每天都去相同的园外空间。如何避免孩子们感到单调或重复乏味？**

每天访问相同的园外空间可以让孩子们与那个地方建立持续的联系。改变园外可用的开放性材料有助于保持这个空间的新鲜感。如果园外空间足够大，那么大部分开放性材料会来自自然。如果空间较小或自然元素较少，那么你可能需要投放更多的材料，甚至可能需要为儿童提供更多在自然中学习和关于自然的学习活动。

## 实践反思

1. 你所在园所当前的一日流程与本章建议的日程相比如何？要整合所有必要的时间模块，我们需要做哪些改变？
2. 目前，儿童每天实际上有多少时间是在户外度过的？
3. 在目前的一日流程中，户外时间是怎样安排的？
4. 如果要把户外时间调整到一天的最开始，那么需要做哪些调整？
5. 如果在户外开展点心活动、小组活动和自由游戏，那么需要做哪些调整？

## 第九章

# 助力家庭成功

> 我们正在日本旅行。这里正值雨季，所以我们在雨中穿行于京都。雨水并没有使我的孩子们感到烦扰，因为没有所谓的坏天气。他们发现了一只蜗牛，捕获了一只鹿角虫。他们观察了一只在河中捕鱼的鹭鸶。他们到处可以看到苔藓和绣球花。他们看到水在格子间流动，并提出了"为什么……"的问题。自然幼儿园塑造了孩子们看世界的方式。在孩子们的余生里，他们将充满好奇。还有比这更棒的礼物吗？
>
> ——有两个孩子就读于自然幼儿园的家长

选择基于自然的幼儿教育的家长会热情地分享他们对基于自然的教育方法的喜爱。这种热情大多源于基于自然的教育的基本理念和教学法，而家长之间的交流则进一步激发了这种热情。毕竟，任何优质的幼儿教育项目都重视家长参与对全面支持幼儿成长的重要性，因此园所应当积极促进家长参与，开展基于自然的实践也不例外。要让幼儿在基于自然的幼儿园里茁壮成长，他们的家长必须充分理解并拥抱基于自然的教育方法。

为了确保家长的参与度和热情，教师和管理人员必须向家长清晰传达基于自然的教育方法的理念与实践。同时，教师和管理人员还需确保孩子们有适合户外活动的衣物。另外，帮助家长理解基于自然的教育方法在孩子生活中的必要性，以及家长如何在家中延续这些理念和实践，也十分重要。

### 确立期望值

在家长来园为孩子注册之前，教师就应开始与他们沟通基于自然的幼儿园的理念和日常教学实践。在孩子入园前，大多数家长会根据他们所看到的园所宣传资料对幼儿园及其基于自然的教育方法形成初步印象。因此，所有对外的宣传资料都应真实反映园所的日常情况，让家长对园所的教学内容和理念有清晰的认识。

报名信息和家长手册也应明确介绍园所的整体理念和典型一日流程，包含使命和理念声明，以便家长了解他们即将加入的幼儿园的特点。此外，还可以利用那些展示了孩子们在各种天气和环境中玩耍以及参与各类活动（包括冒险游戏）的图片来间接表达一天的安排。例如，一张儿童在冬末的某一天跳进泥潭且泥水溅得到处都是的图片，生动地展示了孩子们在幼儿园里可能获得的经验。有些人可能认为这样的图片会让某些家长退缩，但它同时也会吸引那些渴望加入的家庭。通过提供日常实践的真实画面，你就确保了家庭与幼儿园之间的双向契合。

### 招生前的开放日

与家长就幼儿园的教育理念、课程设置及日常教学实践进行开放性的交流至关重要。举办开放日活动是一个极好的方式，家长能够亲自参观教育环境——无论是室内、室外还是更远的园外，亲自与教师见面，有时甚至可以与那些正让孩子就读于该园的家长交流。需要明确的是，开放日并不是筛选家庭的过程，而是为了让家庭判断这所幼儿园是否适合他们。幼儿园不应仅限成人参加开放日活动，也应邀请孩子们参与。这一做法体现了我们相信儿童具有能力并应在生活中拥有选择权的教育理念。

## 入园准备

一旦家长决定给孩子报名，幼儿园就要明确指导他们如何能够顺利融入幼儿园。这对采取传统教育方式的幼儿园而言很重要，但在基于自然的园所中更加关键，因为基于自然的教育方式与大多数人的既有经验不同。为了帮助家长了解基于自然的教育方法，幼儿园可以采取多种措施。举办入园准备家长会，让家长全面了解园所的各个方面，这是必要的。建议不要让孩子参加，这样家长可以更集中注意力地了解讨论的内容（如果提供儿童照看服务可以解决家长的困难，那么我们会鼓励幼儿园提供这项服务，因为成人需要孩子不在场的时间来集中精力）。

入园准备家长会应涵盖教学理念、一日常规、生成课程的真正含义、我们如何支持和评估孩子的全面发展、允许和禁止的活动、冲突解决方式等方面的内容。与家长讨论衣物装备——需要准备什么以及原因（后面会进一步说明）。这也是儿童照护者与那些将日复一日陪伴他们孩子的教师见面的机会。入园准备家长会在建立家园关系方面的作用不可小觑。

### NBP 案例
#### 齐佩瓦自然中心自然幼儿园
**地点**：密歇根州米德兰市

齐佩瓦自然中心的自然幼儿园招收 3 岁和 4 岁的孩子。课程时长为 3 小时，每周进行 2～4 天。虽然大部分班级是混龄的，但该园也设有仅针对 3 岁和 4 岁孩子的班级，每个班级的师生比例约为 1:18。该园占地约 526 万平方米，主要有两间教室，自然中心内还设有另一间教室。齐佩瓦自然中心的自然幼儿园主要依靠学费运营，有部分孩子通过密歇根州的"良好开端准备计划"获得资金支持，该计划致力于为处于劣势地位的 4 岁孩子提供一年的学前教育。

每年春季，齐佩瓦自然中心都会举办名为"自然幼儿园研究"的研讨会，研讨会持续多日。参与研讨会的幼儿教育工作者可以直接观摩该幼儿园的日常运营，并学习如何将基于自然的教育理念整合到自己的教学实践中。

我给未来的自然幼儿园家长的建议是：准备好一些去污剂、合适的防护服和许多备用的袜子。接着，放下自己的顾虑，开始享受观察孩子在周围的自然学习环境中探索的过程吧。多拍些照片，每天与孩子讨论见到的或创造的东西，尽己所能地参与进来。我们现行的教育体系并没有以自然为核心进行构建，因此这可能是你的孩子通过这种独特的方式学习的唯一机会。尽可能地接受和拥抱它，你的孩子肯定也会这样做。

——有孩子就读于自然幼儿园的家长

## 帮助家庭适应你的园所

我建议幼儿园在开学前几周举办入园准备家长会，这就为开展其他过渡活动（如家访和为已经入园的家长及其孩子举办第二次开放日活动）留出了时间。这些活动旨在帮助儿童与教师建立联系，并帮助他们平稳度过第一次上学的过渡期。家长可以考虑让孩子提前查看将要接触的教师及班级宠物的照片。有些幼儿园通过在第一天接纳一半孩子，第二天接纳另一半孩子，然后第三天让所有孩子一起上课的方式取得了成功。这些过渡活动虽然不是基于自然的教育特有的，却是高质量幼儿园实践中有效的部分。你最终的目标是，在儿童入园前以及家庭刚开始加入时，确保家园双方在教育理念上的一致，并让家长掌握孩子成功所需的信息和资源。

## 确保儿童穿着合适

在基于自然的幼儿园中，专业人士常说儿童应穿着合适的衣物，甚至会说"没有不好的天气，只有不合适的衣物"。事实上，在我们的社会与自然世界脱节的背景下，大多数家庭并不清楚什么是合适的或适宜的衣物。我们的职责是向他们展示什么是合适的衣物，以便他们的孩子能在幼儿园中茁壮成长。

向家长展示孩子们在每个季节应穿的衣物十分重要，提醒他们在过渡季节是最难着装的。鉴于美国乃至全球各地气候的极大差异，幼儿园很难推荐具体的衣物。然而，选择衣物的基本原则是帮助身体保持正常的温度。这意味着衣物可以帮助身体在炎热的天气中保护皮肤免受阳光伤害，在寒冷的天气中保持温暖。教师应引导家长学会增减衣物，避免孩子接触湿气，保护孩子不受风寒侵袭。

合适的衣物在实际中会因气候不同而有所不同。家庭需要明白，在潮湿的季节，棉质等材料是非常不适宜的，因为棉质会吸收湿气并让孩子感到寒冷。便宜的棉质手套就是一个例子。这些手套可能适合干燥的秋季，但如果当地在大部分时间处于寒冷和潮湿的气候中，那么这些手套会吸收湿气，并让孩子感到寒冷。为家庭提供可以实际触摸的衣物样品有助于他们了解不同面料的区别,也可以向家庭提供找到合适的衣物的途径(如社区或在线购物渠道)。如果你能够与服装供应商合作,为家长提供你认可的优质物品折扣,那将更加理想。

| 天气类型 | 合适的衣物 |
| --- | --- |
| 炎热、干燥 | 凉爽,层数尽量少,保护皮肤免受阳光伤害:<br>● 棉质短袖、短裤或长裤,以及袜子<br>● 亚麻面料的长袖外衫<br>● 防晒帽 |
| 温暖或炎热、潮湿 | 凉爽,层数尽量少,能够将湿气从身体带走并保护皮肤免受阳光伤害:<br>● 吸湿排汗的合成纤维面料的背心或棉质短袖<br>● 尼龙面料的短裤或长裤<br>● 吸湿排汗袜,如羊毛或羊毛混纺材质的袜子<br>● 防晒帽<br>● 防水透气雨衣(夹克和裤子或全身雨衣)<br>● 防水靴 |
| 寒冷、潮湿 | 保暖的内层和防水的外层:<br>● 吸湿排汗的基础层<br>● 羊毛或合成纤维(如抓绒)的中间层<br>● 吸湿排汗袜,如羊毛或羊毛混纺材质的袜子<br>● 保暖的防水夹克和裤子或透气的全身雨衣<br>● 保暖的防水手套和靴子<br>● 保暖的羊毛或合成材料的帽子 |
| 寒冷、干燥 | 保暖的层次:<br>● 吸湿排汗的基础层<br>● 羊毛或合成纤维(如抓绒)的中间层<br>● 吸湿排汗袜,如羊毛或羊毛混纺材质的袜子<br>● 保暖的防水夹克、裤子、手套和靴子<br>● 保暖的羊毛或合成材料的帽子 |

毫无疑问，为孩子准备高品质的户外装备可能会花费不少。我经常听到家长抱怨："我们的家庭收入有限，买不起户外装备。"让我们先反思一下：你是否认为自然体验对儿童的全面发展非常重要？既然你在阅读这本书，我猜你的回答是肯定的。你是否认为书写机会很重要，因此你为孩子们准备了记号笔、铅笔、蜡笔等工具？是的，你当然会这么做了。户外装备与其他助力儿童学习成功的材料的重要性并无二致。如果高品质的装备对家庭而言是一项经济负担或障碍，那么幼儿园应该像提供其他学习资源一样提供这些装备。这可能意味着园所需要为班级儿童购买雨衣、靴子、帽子、手套等。很多幼儿园可以通过申请资助来购买这些班级装备。

为儿童提供衣物可能意味着大部分家庭自行准备装备，但你也可以为一些家庭提供可以借用的装备。即便所有家庭都是高收入的，能够轻松为孩子提供高品质装备，但儿童在玩水时也可能因过于兴奋而弄湿衣服，所以你仍然需要备有额外的衣物。这意味着每所幼儿园都必须备有额外的户外装备，如果园所的孩子大多来自低收入家庭，幼儿园还需要多准备一些。我还要提一句，为成人准备额外的装备也是很有用的，这样那些参与志愿活动的家长也能为不同的天气条件做好准备。

## 持续的家长教育

很多幼儿园管理者认为，一旦家长了解并决定加入幼儿园，工作就算完成了，但事实并非如此。教师可能认为，家长每天都能看到孩子在幼儿园的活动，自然就能"理解"我们的教育理念和课程内容；但别忘了，这些家长并非早期教育专业人员。大多数家长并没有通过观察孩子以了解孩子当前发展水平的经验。由于家长并不陪伴孩子度过幼儿园的时光，因此，他们对孩子在幼儿园的活动和学习内容并不了解。我们的职责是与家长保持持续的沟通、开展家长教育工作。

当然，与家庭进行持续的沟通是任何高质量的幼儿园的重要特征，但在以自然为主题的教育环境中，这种沟通还需要教师帮助家长理解园所独特的教育方法。这包括提供建议，促进学校与家庭之间的联系，尤其是支持孩子与自然世界的互动。我们的任务是帮助家庭理解为何孩子需要与自然互动，他们通过这些体验能学到什么，以及家庭如何在课后延伸孩子的学习。

教师可以通过多种方式与家长沟通。一种做法是向家长展示孩子们每周参与的活动、学习的歌曲、阅读的书籍和产生的创意，并且及时为家长更新这些信息。我发现，在每日入园签到处提供当日计划的简要概述——两到三句话——非常有助于开启家长和孩子之间关于孩子对当天预期的对话，并提醒家长在一天结束时跟进孩子的学习情况。每月的简报也很有益，简报内容可以包含关于儿童在自然中度过能带来哪些益处的信息，它们可能来自你自己撰写或推荐的文章、书籍、博客或其他资源，以便家长了解更多有关自然主题教育的方法。你还可以提供本地公园和自然中心的信息，鼓励家长在课外时间带孩子探索自然世界。

另一个增强园所与家庭联系的方法，是为家庭提供与自然相关的图画书，并附上家长可以根据故事在家里进行的活动建议。例如，一个关于岩石的故事，可以附带一个在后院或社区寻找岩石的活动提示。教师可以将这些书籍和活动案例赠予家庭留作纪念，如果园所的预算有限，也可以将其短期借阅给家庭。

另一种让家庭参与的方式是在假期举办活动。这些活动通常包括美食和某种与自然相关的活动。活动可以是周末远足、户外寻宝、邀请唱自然歌曲的音乐家开音乐会、在当地公园举行野餐，甚至是露营之旅。活动的选择多种多样，但在实际操作过程中可能会受到时间、人员、空间、资源和预算等因素的限制。

最后，别忘了日常幼儿在园日的家庭参与也是一种家长教育。当家长能够直接观察到园所如何运营时，他们能更加深入地理解幼儿园里每天发生的事情。无论你选择哪种方式让家庭参与，记住，你的目的是鼓励家长参与到孩子在幼儿园外的学习中，最理想的是以一种支持基于自然的教育方法的方式进行。

## 常见问题解答

**1. 当家长们最初对我们的教育理念和实践表示赞同，后来却对孩子弄脏衣物等自然幼儿园里的常态表示不满时，我们该如何应对？**

我建议与这些家长进行开放且诚恳的沟通。这些抱怨是否掩饰了与弄脏衣物无关的更深层次问题？如果并非如此，他们对弄脏衣物的孩子有何不满？有可能是因为家长压力过大，而汽车内设备被弄脏和额外的洗衣负担加剧了这一压力。关键是要找到家长担心的根本原因，然后采取相应的措施解决。

在一些情况下，家长可能认为他们已经了解了这种教育方式，但实际体验与他们的预期不同。通过共同努力，你们可以找到解决问题的最佳路径。

**2. 一个行动能力有限的孩子想要加入我们的幼儿园，但我们的自然游戏区和园外区域地势不平，没有硬化的路面。我们如何为这名孩子提供便利？**

我认为与这个孩子的家长（包括孩子本人）进行开放的沟通很重要。了解这个孩子的行动范围是怎样的，思考你们可以对自然游戏区进行哪些改进，以便让这名孩子能够自由进入，例如，简单地移除路边的木桩可能就会使孩子更容易通过。对于园外远足的活动，是否可以使用小推车或其他轮式工具帮助孩子和小组其他成员一起探险？最终，我们的目标是让这名孩子在尽可能少的障碍和最大的自主性中体验自然世界。

**实践反思**

1. 我们的宣传物料是否展示了我们在各种天气条件下都会去户外活动?
2. 我们在家长入园指导会上如何强调自然的价值和作用?
3. 我们如何指导家长为孩子选择合适的衣物?
4. 我们如何与家长就自然在课程中的价值和作用进行持续的沟通?
5. 如果家庭未能准备充分,那么我们是否有足够的备用衣物?如果没有,我们如何解决这个问题?本地社区基金会是否会提供资助?有没有当地企业愿意捐赠衣物?

附录
# 免费或价格低廉的材料

不要忘记，有许多免费或廉价的物品可以供儿童进行自然探索。你可以从这个清单里的材料开始。

- 2升容量的汽水瓶
- 20升容量的桶
- 滴管
- 床单
- 碗
- 过滤器
- 蜡笔
- 泥土
- 蛋盒
- 手电筒
- 花园软管
- 园艺铲
- 冰激凌勺
- 叶子
- 镜子
- 纸
- 塑料罐
- 铅笔
- 馅饼盘
- 枕套
- 塑料防水布
- 岩石
- 绳索
- 床单
- 铲子
- 海绵
- 勺子
- 树枝

# 参考文献

AAP Council on Communications and Media. 2016. "Media and Young Minds." *Pediatrics* 138(5): e20162591.

Antioch University–New England. 2018. "Certificate in Nature-Based Early Childhood Education." Antioch University–New England.

Bailie, Patti. 2010. "From the One-Hour Field Trip to a Nature Preschool: Partnering with Environmental Organizations." *Young Children* 65(4): 76–82.

Bailie, Patti. 2012. "Connecting Children to Nature: A Multiple Case Study of Nature Center Preschools." Doctoral diss. Lincoln, NE: University of Nebraska–Lincoln.

Ball, David, Tim Gill, and Bernard Spiegal. 2014. "Risk-Benefit Assessment Form." Bristol, UK: Play England, Play Scotland, Play Wales, and PlayBoard Northern Ireland.

Ball, David, Tim Gill, and Bernard Spiegal. 2008. *Managing Risk in Play Provision: Implementation Guide.* Bristol, UK: Play England.

Chawla, Louise. 1988. "Children's Concern for the Natural Environment." *Children's Environments Quarterly* 5(3): 13–20.

Chawla, Louise. 1999. "Life Paths into Effective Environmental Action." *Journal of Environmental Education* 31(1): 15–26.

Children and Nature Network. 2018. "Children and Nature Network" (homepage). Children and Nature Network.

Copple, Carol, and Sue Bredekamp, eds. 2009. *Developmentally Appropriate Practice in Early Childhood Programs Serving Children from Birth through Age 8*. 3rd ed. Washington, DC: National Association for the Education of Young Children.

Davis, Julie, and Sue Elliott, eds. 2014. *Research in Early Childhood Education for Sustainability: International Perspectives and Provocations*. Abingdon, UK: Routledge.

Dewey, John. 1938. *Experience and Education*. New York, NY: Simon and Schuster.

Duncan, Sandra, Jody Martin, and Rebecca Kreth. 2016. *Rethinking the Classroom Landscape: Creating Environments That Connect Young Children, Families, and Communities*. Lewisville, NC: Gryphon House.

Edwards, Carolyn, Lella Gandini, and George Forman, eds. 2012. *The Hundred Languages of Children: The Reggio Emilia Experience in Transformation*. 3rd ed. Santa Barbara, CA: Praeger.

Faber Taylor, Andrea, and Frances Kuo. 2009. "Children with Attention Deficits Concentrate Better after Walk in the Park." *Journal of Attention Disorders* 12(5): 402–409.

Faber Taylor, Andrea, Frances Kuo, and William Sullivan. 2001. "Coping with ADD: The Surprising Connection to Green Play Settings." *Environment and Behavior* 33(1): 54–77.

Finch, Ken, and Patti Bailie. 2015. "Nature Preschools: Putting Nature at the Heart of Early Childhood Education." *Occasional Paper Series* 2015(33): 95–104.

Fjørtoft, Ingunn. 2001. "The Natural Environment as a Playground for Children: The Impact of Outdoor Play Activities in Pre-Primary School Children." *Early Childhood Education Journal* 29(2): 111–117.

Fritz, Regina Wolf, Kirsten Smyrni, and Katie Roberts. 2014. "The Challenges of Bringing the Waldkindergarten Concept to North America." *Children, Youth, and Environments* 24(2): 215–227.

Froebel, Friedrich. 1887. *The Education of Man*. New York, NY: D. Appleton.

Gill, Tim. 2007. *No Fear: Growing Up in a Risk-Averse Society*. London, UK: Calouste Gulbenkian Foundation.

Gill, Tim. 2014. "The Benefits of Children's Engagement with Nature: A Systematic Literature Review." *Children, Youth, and Environments* 24(2): 10–34.

Gorman, Michele. 2015. "Yogi Berra's Most Memorable Sayings." Newsweek.

Graue, M. Elizabeth, Kristin Whyte, and Anne Karabon. 2015. "The Power of Improvisational Teaching." *Teaching and Teacher Education* 48: 13–21.

Green Hearts Institute for Nature in Childhood. 2014. "Nature Preschools: What Is a Nature Preschool?" Green Hearts Institute for Nature in Childhood.

Hanscom, Angela. 2016. *Balanced and Barefoot: How Unrestricted Outdoor Play Makes for Strong, Confident, and Capable Children*. Oakland, CA: New Harbinger Publications.

International Association of Nature Pedagogy. n.d. "Nature Pedagogy International Association" (homepage). International Association of Nature Pedagogy.

Kahn, Peter, Thea Weiss, and Kit Harrington. 2018. "Modeling Child-Nature Interaction in a Nature Preschool: A Proof of Concept." *Frontiers in Psychology* 9(835): 1–16.

Katz, Lilian. 2010. "STEM in the Early Years." Paper presented at the SEED (STEM in Early Education and Development) Conference, Cedar Falls, IA.

Keeler, Rusty. 2016. *Seasons of Play: Natural Environments of Wonder*. Lewisville, NC: Gryphon House.

Kenny, Erin. 2013. *Forest Kindergartens: The Cedarsong Way*. Vashon, WA: Cedarsong Nature School.

Klemmer, Cynthia, Tina Waliczek, and Jayne Zajicek. 2005. "Growing Minds: The Effect of a School Gardening Program on the Science Achievement of Elementary Students." *HortTechnology* 15(3): 448–452.

Larimore, Rachel. 2011a. *Establishing a Nature-Based Preschool*. Fort Collins, CO: National Association for Interpretation.

Larimore, Rachel. 2011b. "Nature-Based Preschools: A Powerful Partnership between Early Childhood and Environmental Education." *Legacy Magazine* 22(3): 8–11.

Larimore, Rachel. 2016. "Defining Nature-Based Preschools." *International Journal of Early Childhood Environmental Education* 4(1): 32–36.

Larimore, Rachel, et al. August 2–5, 2017. "Children's Development in a Nature-Based Preschool Compared to a Traditional Preschool Setting." Poster presented at the Nature-Based Preschool National Conference, Seattle, WA.

Marcon, Rebecca. 2002. "Moving up the Grades: Relationship between Preschool Model and Later School Success." *Early Childhood Research and Practice* 4(1): n.p.

Milteer, Regina, et al. 2012. "The Importance of Play in Promoting Healthy Child Development and Maintaining Strong Parent-Child Bond: Focus on Children in Poverty." *Pediatrics* 129(1): e204–e213.

Montessori, Maria. 1912. *The Montessori Method*. 2nd ed. New York, NY: Frederick A. Stokes.

Mooney, Carol. 2000. *Theories of Childhood: An Introduction to Dewey, Montessori, Erikson, Piaget, and Vygotsky*. St. Paul, MN: Redleaf.

Moore, Robin. 2014. *Nature Play and Learning Places: Creating and Managing Places Where Children Engage with Nature*. Raleigh, NC: Natural Learning Initiative and National Wildlife Federation.

Natural Start Alliance. [in press]. "Generating Policies and Procedures for Nature-Based Experiences at Your Site" [working title]. Natural Start Alliance.

Nicholson, Simon. 1972. "The Theory of Loose Parts: An Important Principle for Design Methodology." *Studies in Design Education Craft and Technology* 4(2): 5–14.

North American Association for Environmental Education. 2017. *Nature Preschools and Forest Kindergartens: 2017 National Survey*. Washington, DC: North American Association for Environmental Education.

North American Association for Environmental Education. 2018. "Natural Start Alliance" (homepage). Natural Start Alliance.

North American Butterfly Association. 2017. "Butterfly Questions and Answers." North American Butterfly Association.

Northern Illinois Nature Preschool Association. n.d. "Northern Illinois Nature Preschool Association" (homepage). Northern Illinois Nature Preschool Association.

Pelo, Ann. 2013. *The Goodness of Rain: Developing an Ecological Identity in Young Children*. Redmond, WA: Exchange.

Rideout, Victoria, Ulla Foehr, and Donald Roberts. 2010. *Generation M2: Media in the Lives of 8-to 18-Year-Olds*. Menlo Park, CA: Henry J. Kaiser Family Foundation.

Rivkin, Mary, and Deborah Schein. 2014. *The Great Outdoors: Advocating for Natural Spaces for Young Children*. Rev. ed. Washington, DC: National Association for the Education of Young Children.

Rose, Kathryn, et al. 2008. "Outdoor Activity Reduces the Prevalence of Myopia in Children." *Ophthalmology* 115(8): 1279–1285.

Sandseter, Ellen. 2009. "Affordances for Risky Play in Preschool: The Importance of Features in the Play Environment." *Early Childhood Education Journal* 36(5): 439–446.

Sandseter, Ellen. 2009. "Characteristics of Risky Play." *Journal of Adventure Education and Outdoor Learning* 9(1): 3–21.

Schein, Deborah. 2014. "Nature's Role in Children's Spiritual Development." *Children, Youth, and Environments* 24(2): 78–101.

Selly, Patty. 2014. *Connecting Animals and Children in Early Childhood*. St. Paul, MN: Redleaf.

Sobel, David. 2013. *Beyond Ecophobia: Reclaiming the Heart in Nature Education*. 2nd ed. Great Barrington, MA: Orion Society.

Sobel, David. 2014. "Learning to Walk between the Raindrops: The Value of Nature Preschools and Forest Kindergartens." *Children, Youth, and Environments* 24(2): 228–38.

Sobel, David, et al. 2016. *Nature Preschools and Forest Kindergartens: The Handbook for Outdoor Learning*. St. Paul, MN: Redleaf.

Stipek, Deborah, et al. 1995. "Effects of Different Instructional Approaches on Young Children's Achievement and Motivation." *Child Development* 66(1): 209–223.

Tandon, Pooja, Brian Saelens, and Dimitri Christakis. 2015. "Active Play Opportunities at Child Care." *Pediatrics* 135(6): e1425–e1431.

Vygotsky, Lev. 1978. *Mind in Society: The Development of Higher Psychological Processes*. Cambridge, MA: Harvard University Press.

Warden, Claire. Forthcoming. "Nature Pedagogy: The Art of Being with Nature Inside, Outside, and Beyond." Doctoral diss. Liverpool, UK: Liverpool Hope University.

Warden, Claire. 2012a. *Nature Kindergartens and Forest Schools: An Exploration of Naturalistic Learning within Nature Kindergartens and Forest Schools*. 2nd ed. Auchterarder, UK: Mindstretchers.

Warden, Claire. 2012b. *Talking and Thinking Floorbooks: Using "Big Book Planners" to Consult Children*. 2nd ed. Auchterarder, UK: Mindstretchers.

Warden, Claire. 2015. *Learning with Nature: Embedding Outdoor Practice*. London, UK: SAGE.

Wells, Nancy, and Gary Evans. 2003. "Nearby Nature: A Buffer of Life Stress among Rural Children." *Environment and Behavior* 35(3): 311–330.

Wilson, Edward. 1984. *Biophilia*. Cambridge, MA: Harvard University Press.

Wu, Pei-Chang, et al. 2013. "Outdoor Activity during Class Recess Reduces Myopia Onset and Progression in School Children." *Ophthalmology* 120(5): 1080–1085.